Barbara Bartos-Höppner
erzählt

# ZAUBERMÄRCHEN

K. Thienemanns Verlag Stuttgart

CIP-Kurztitelaufnahme
der Deutschen Bibliothek

**Barbara Bartos-Höppner erzählt Zaubermärchen**
Stuttgart: Thienemann
ISBN 3-522-12740-4



Schrift Times
Satz: G. Müller in Heilbronn
Offsetreproduktionen Gustav Reisacher in Stuttgart
Gesamtherstellung Welsermühl in Wels

Printed in Austria. 5 4 3

# Inhalt

# Der Zaubertopf und die Zauberkugel

Großvaters Geburtstag wurde jedes Jahr als richtiges Fest gefeiert. Das ließ sich die Großmutter nicht nehmen, auch wenn noch so viel Arbeit damit verbunden war. Schon lange vorher überlegte sie zusammen mit der alten Berthe, womit sie ihn in diesem Jahr überraschen könnte, und der Daniel mußte anspannen und die Großmutter zur runden Karline fahren, zur Kochkarline, wie der Großvater sagte, damit die Frauen den Festschmaus besprechen konnten.

Dann wurde das Haus auf Hochglanz gebracht. Die alte Berthe war tagelang dabei, das Messing- und Kupfergeschirr, Tiegel und Töpfe, Kannen und Kellen so blank zu putzen, daß sich einer darin spiegeln konnte. Sie saß dazu auf einem bequemen Stuhl, eine kleine Bank unter den Füßen, die blaugestreifte Schürze über dem langen dunklen Rock und rieb und rieb. Wenn sich der Großvater zu ihr setzte und aus der Zeitung vorlas, damit die Putzerei nicht gar zu langweilig wurde, hatte sie es besonders gern. Sobald er aber sagte: „Berthe, bei dem Topf ist es längst genug", sah sie ihn nur über die Gläser ihrer Nickelbrille an. Und weil der Großvater den Blick nicht einfach auf sich sitzen lassen wollte, sagte er das eine Mal: „Mit dir wird es uns genauso ergehen, wie damals dem alten Kirchendiener mit seiner Frau und dem Zaubertopf." – Daß ich dem Großvater nun keine Ruhe ließ, bis er mir dieses Märchen erzählte, war klar. So legte er den Arm um mich und begann, und niemals war ein Märchen schöner anzuhören, als wenn ich so nahe bei ihm saß.

Also fing er an: „Drüben im Nachbardorf lebte vor vielen Jahren ein Kirchendiener, der sich mit seiner Frau recht und schlecht durchs Leben brachte. Wie das so ist: Für das Ziehen am Glockenseil, das Treten des Blasebalges und das Herumgehen mit dem Klingelbeutel kann einer am Jahresende keinen prallen Geldbeutel erwarten. Deshalb hatte sich die Frau des Kirchendieners auf den Eierhandel verlegt. In der Frühe jedes Markttages ging sie mit ihrer schweren Kiepe auf dem Rücken jahrein, jahraus zur Stadt, um die Eier zu verkaufen, die sie den Bauersfrauen im Dorf abgehandelt hatte. Ging das Geschäft gut, und sie konnte alle Eier verkaufen, dann reichte, was ihr übrig blieb, für Mehl und Speck und manchmal sogar für ein Tütchen Kandiszucker und ein Päckchen Tabak. Dann konnte sie nicht schnell genug nach Hause kommen. Es gab aber auch Markttage,

an denen sich der weite Weg in
die Stadt nicht gelohnt hatte. Dann brachte sie auf dem Heimweg kaum ein Bein vor das andere, so niedergeschlagen war sie.

Das eine Jahr nun, kaum waren die Hühner aus der Mauser und die schlechte Legezeit damit vorbei, schlich sich eine Krankheit in die Ställe. Die Hühner fraßen nicht, saßen mit eingezogenen Hälsen herum und starben, ohne daß jemand sagen konnte, was ihnen fehlte. Das ging so von einem Hof zum andern, und auch der Hühnerstall der armen Kirchendienersleute blieb nicht verschont. Als nun eine Henne nach der andern von der Stange fiel, Mehl und Speck aufgebraucht waren und die Not immer größer wurde, sprach die Frau: ‚So schwer es mir wird, ich muß unsere letzte Henne auf den Markt tragen und Mehl für das Geld kaufen, damit wir endlich einmal wieder Brot zu essen haben.‘

Also setzte sie diesmal ihre Henne in die Eierkiepe und ging früh am Morgen los. Der leere Magen und der weite Weg machten ihr zu schaffen, und als sie auf dem Berg angekommen war, über den sie in die Stadt gehen mußte, setzte sie sich unter einen Baum, um auszuruhen. Das Herz wurde ihr schwer, als sie die Henne in der Kiepe vor sich hinwispern hörte.

Plötzlich sprang gegenüber aus dem Haselgebüsch ein kleines, braunes Männchen hervor und war mit einem Satz bei ihr. Die Frau schrie auf vor Schreck, aber das Männchen kümmerte sich nicht darum. Es fragte die Frau des Kirchendieners freundlich nach Woher und Wohin, und sie erzählte ihm, wie es um sie stand. Da sprach das Männchen: ‚Warum willst du den weiten Weg bis in die Stadt machen? Gib die Henne mir, ich suche schon lange ein Tier, auf dem ich reiten kann.' – ,Und was hast du mir für meine Henne anzubieten?' fragte die Frau. – ,Einen Topf', sprach das Männchen. – ,Einen Topf?' Die Frau fing zu lachen an. ,Womöglich auch noch einen alten. Na, das wäre mir ein schöner Tausch. Du meinst wohl, ich wüßte nicht, wieviel mehr eine Henne wert ist?' – Das Männchen wiegte den Kopf. ,Warte nur ab, bis du mit dem Topf nach Hause gekommen bist, dann wird sich zeigen, ob du einen guten Tausch gemacht hast. Aber ich will dich zu nichts überreden. Du allein sollst entscheiden, ob der Tausch zustande kommt.'

Die Frau überlegte hin und her. Schließlich willigte sie ein. Das winzige Männchen verschwand und kam nicht lange darauf mit einem alten, rußigen Topf zurück. Nun wurde es der Frau noch einmal leid um ihre schöne Henne. Aber das Männchen sprach: ,Dieser Topf wird dir herbeischaffen, was du von ihm verlangst. Wenn du ihn gebrauchen willst, stelle ihn stets an einen schattigen Platz, decke ihn gut zu und sprich: Töpfchen mein, Töpfchen mein, was ich will, soll in dir sein! Und der Topf wird tun, was du von ihm verlangst. Nur eines darfst du nicht vergessen: Der Topf darf niemals von der Sonne beschienen werden, und du darfst ihn nie und nimmer blank reiben. Vergiß das nicht!'

Die Frau nickte. Sie würde schon alles richtig machen, versicherte sie, und vor Neugier und Freude brachte sie den Abschied von ihrer letzten Henne schnell hinter sich und rannte nach Hause. Der Mann war zum Glück in der Kirche, um neue Kerzen auf die Leuchter zu stecken, so daß sie sich ungestört überzeugen konnte, ob das Männchen die Wahrheit gesprochen hatte. Sie ging mit dem Topf in den Keller, deckte ihn mit dem Deckel zu und sprach: ‚Töpfchen mein, Töpfchen mein, frische Milch soll in dir sein!‘ Sie wartete einen Augenblick, dann hob sie mit klopfendem Herzen den Deckel hoch – und wahrhaftig, der Topf war bis zum Rand mit frischer, sahniger Milch gefüllt.

Da konnte sich die Frau nicht halten vor Freude. ‚So ein Glück!‘ rief sie. ‚So ein Glück!‘ Sie goß die Milch in eine Kanne, deckte den Topf wieder zu und rief: ‚Töpfchen mein, Töpfchen mein, frisches Brot soll in dir sein!‘ Und als sie den Deckel hob, hatte ihr der Topf auch diesen Wunsch erfüllt. Nun ließ sie ihn herbeischaffen, was zu einer guten Mahlzeit gehört, Nudelsuppe und geräucherte Forellen, Putenkeulen und Himbeereis, Erdbeertorte, Wein und Bier, stellte alles auf den Tisch, und als ihr Mann nach Hause kam, kugelten ihm beinahe die Augen aus dem Kopf.

Von nun an lebten die beiden einen herrlichen Tag. Nach einem Jahr hatten sie vergessen, wie schmal es bei ihnen früher zugegangen war, nach zwei Jahren konnten sie sich ein Leben ohne den Topf nicht mehr vorstellen. Nach drei Jahren aber hatte die Frau vergessen, was sie beachten mußte, damit der Zauber des Topfes erhalten blieb. Als sie sich ihn eines Tages ansah, sprach sie: ‚Er hat ja eine richtige Kruste aus Ruß bekommen‘, und sie fing an, ihn mit Sand und Bürste und Tuch zu putzen. Sie rieb und rieb, bis sich der Ruß verlor und der Topf wie Gold glänzte. Sie rieb so lange,

bis sie sich in ihm spiegeln konnte. Dann aber hatte sie eine solche Freude an dem goldglänzenden Topf, daß sie ihn nahm und vor das Haus in die Sonne stellte. Im selben Augenblick aber, als sie ihn losließ, zersprang der Topf vor ihren Augen in lauter winzigkleine Stücke.

Die Frau schrie auf, denn plötzlich erinnerte sie sich an alles, was das Männchen gesagt hatte. Sie kniete sich hin und wollte die Stücke zusammensuchen, aber es war nicht ein einziges mehr zu finden im Gras. Jetzt bekam sie es mit der Angst zu tun. ‚Nun wird die Not wieder bei uns am Tisch sitzen', jammerte sie, lief zu ihrem Mann und erzählte ihm, was geschehen war. – ‚Das hast du nun von deiner Putzerei!' schalt er. ‚Jetzt kannst du wieder von Hof zu Hof gehen, Eier einkaufen und dich damit abschleppen in die Stadt. Es ist gerade so, als ob du vom Putzteufel besessen wärst.‘ Jedoch sah er ein, daß auf diese Weise nichts an dem Unglück zu ändern wäre, und so setzten sie sich hin, um zu überlegen, was zu tun sei. ‚Wie wäre es‘, sprach die Frau, ‚wenn du selber einmal in die Stadt gingst. Mir wird sich das Männchen ein zweites Mal nicht zeigen, dich aber kennt es nicht, und du brauchst ja diesmal keine Henne mitzunehmen.‘ – Der Mann fand den Vorschlag besser als gar keinen, und obwohl er daran zweifelte, daß ihnen das Glück noch einmal beschieden sein würde, kaufte er doch im Dorf ein Lamm und machte sich mit ihm auf den Weg. Es war gerade Osterzeit, und er dachte, ein Lamm würde sich immer verkaufen lassen.

Als er nun mit ihm oben auf dem Berg ankam, hatten sie beide ein wenig Ruhe nötig, und sie ließen sich unter demselben Baum nieder, unter dem damals die Frau mit der Henne gesessen hatte. Doch so lange der Mann auch wartete, das Männchen ließ sich nicht blicken. Als er sich aber mit seinem Lamm wieder auf den Weg machen wollte, sprang es plötzlich unter dem Haselbusch hervor, kam sogleich auf ihn zu und rief: ‚Wohin soll es denn gehen mit euch beiden?‘ – ‚Zur Stadt‘, antwortete der Kirchendiener, ‚auf den Markt. Es ist gute Zeit für Osterlämmer.‘ – ‚Oh!‘ rief das Männchen, ‚wenn ihr beide nur nicht unverrichteterdinge wieder zurückkommt. Es sind, soviel ich weiß, schon unzählige Lämmer auf den Markt getrieben worden. Laß dir deshalb einen Vorschlag machen: Überlaß das Lamm mir. Ich will dir dafür eine Kugel geben.‘ Nun schlug dem Kirchendiener

das Herz bis zum Hals,
und er mußte es klug anstellen, damit das Männchen nicht merkte, wie sehr ihm an der Kugel gelegen war. Denn wenn er auch lieber einen Topf gehabt hätte, so würde gewiß auch mit der Kugel ein Zauber verbunden sein, daran gab es für ihn keinen Zweifel. ‚Eine Kugel!' sprach er. ‚Kugeln kann ich mir viele mit nach Hause nehmen, wenn ich erst mein Lamm los bin.' – ‚Aber keine solche Kugel, wie du sie von mir bekommst', erwiderte das Männchen.

Nichts anderes hatte der Mann hören wollen. – ‚Aber wenn du nicht magst', sprach das Männchen weiter, ‚dann wollen wir den Tausch bleiben lassen.' – ‚Laß es mich überlegen', zierte sich der Kirchendiener und war schließlich mit dem Tausch einverstanden. Das Männchen huschte unter den Haselbusch und kam bald mit einer unansehnlichen schwarzen Kugel zurück. ‚Wenn dir diese Kugel einen Dienst erweisen soll', sprach das Männchen, ‚so lege sie auf ein weißes Leinentuch und sprich: Kugel mein, Kugel mein, decke mir den Tisch recht fein. Doch du mußt stets darauf bedacht sein, daß weder Tür noch Fenster dabei offenstehen.' – Der Kirchendiener nickte, nahm die Kugel an sich, dankte dem Männchen und machte, daß er nach Hause kam.

Die Frau hatte schon voller Ungeduld auf ihn gewartet. Als er nun alles erzählte, deckte sie den Tisch mit einem Leinentuch, während der Mann Türen und Fenster schloß. Dann sprach er: ‚Kugel mein, Kugel mein, decke mir den Tisch recht fein.' Und schon fing sich die Kugel an zu drehen, schneller und immer schneller. Plötzlich sprang sie in zwei Hälften, und fünf, sechs, sieben kleine Männchen sprangen heraus, machten sich daran, den Tisch mit feinem Geschirr zu decken, kupfernem, silbernem und goldenem, und stellten für den Kirchendiener und seine Frau die köstlichsten Speisen hin, die man sich denken kann, Gebratenes und Gebackenes, Suppen und Soßen, Süßes und Saures, Bier und Wein. Dann verschwanden sie wieder in der Kugel, und der Mann und die Frau ließen es sich schmecken.

Die beiden wußten sich nicht zu halten vor Freude. ‚Mann!' rief die Frau, ‚daß wir noch einmal ein solches Glück gehabt haben!' Als sie alles aufgegessen hatten, kamen die Männchen sogleich aus der Kugel heraus, räumten das Geschirr zusammen und stiegen mit ihm in die Kugel hinein. Die Kugel schloß sich und war nichts weiter als eine unansehnliche, schwarze Holzkugel. Mit ihr ließ sich noch besser leben als mit dem Zaubertopf, denn soviel Leute auch um den Tisch des Kirchendieners saßen, die Kugel machte alle auf das beste satt.

Wie nicht anders zu erwarten, sprach sich das Glück der Kirchendienersleute herum. Vom Kantor erfuhr es der Pfarrer, vom Pfarrer der Bürgermeister, und die drei beschlossen, den Kirchendiener mitsamt der Kugel ins Haus zu bestellen und sich den Zauber vorführen zu lassen. – Gesagt, getan. Am anderen Tag erschien der Kirchendiener, schloß Türen und Fenster zu, ließ die Bürgermeistersfrau den Tisch mit einem Leinentuch decken und sprach: ‚Kugel mein, Kugel mein, decke mir den Tisch recht fein.'

Da wollte das Erstaunen keine Ende nehmen. – Daß nun jeder der drei diese Kugel besitzen wollte, war klar. Es hätte nicht viel an einem handfesten Streit zwischen dem Kantor, dem Pfarrer und dem Bürgermeister gefehlt, wenn dem Bürgermeister nicht der Gedanke gekommen wäre, daß sie sich die Kugel ja gegenseitig ausleihen könnten und er selbst sie in seinem Geldschrank in Verwahrung nehmen werde. – ‚Aber die Kugel gehört doch mir!' warf der Kirchendiener ein, ‚ich will sie wieder mit nach Hause nehmen.' – Sofort versprachen ihm der Kantor, der Pfarrer und der Bürgermeister einen guten Posten mit einem schönen Stück Geld am Jahresende, wenn er ihnen nur die Kugel überließe. Und so schwer es ihm fiel, der Kirchendiener willigte ein.

Als er ohne Kugel nach Hause kam, fiel seine Frau zuerst in Ohnmacht. Dann weinte und klagte sie tage- und nächtelang. ‚Daß wir den Topf verloren haben, war meine Schuld. Aber die Kugel geht auf deine Rechnung!' rief sie. ‚So dumm hast nur du sein können, den dreien ein einziges Wort zu glauben. Eher hätte ich Türen und Fenster aufgerissen, als die Kugel denen zu überlassen. Jetzt leben sie einen feinen Tag, und wir können sehen, wovon wir satt werden.' So schimpfte und keifte sie fortwährend.

Da beschloß der Mann, sein Glück noch ein drittes Mal zu versuchen. Er kaufte zwei fette Ochsen und trieb sie in der Frühe des Markttages den Weg zur Stadt hin. Als er die Ochsen oben auf dem Berg am Baum festgebunden und sich selbst daruntergesetzt hatte, brauchte er nicht lange zu warten, und das Männchen sprang unter dem Haselbusch hervor. ‚Na', fragte es, als es vor ihm stand, ‚du willst doch nicht etwa eine neue Kugel haben?' – ‚Es ist, wie du sagst', antwortete der Kirchendiener. ‚Die erste ist mir nämlich auf niederträchtige Weise abgeschwatzt worden.‘ – Das Männchen nickte. – ‚Diesmal habe ich zwei Ochsen zum Tausch mitgebracht‘, sprach der Mann. – Das Männchen blinzelte zu ihm hinauf. ‚Dafür möchtest du gewiß eine größere Kugel haben, als es die vorherige gewesen ist?‘ – ‚Du errätst meine Gedanken!‘ – ‚Gut‘, sprach das Männchen, verschwand, und als es zurückkam, rollte es eine große schwarze Kugel vor sich her. ‚So‘, sprach es, ‚diese Kugel mußt du auf die Erde legen, bevor du den Zauberspruch sagst. Und der Zauberspruch lautet: Dreh dich, Schwarze, tummel dich!‘ – Das kam dem Kirchendiener ein wenig seltsam vor, aber er war so froh, eine neue Kugel zu haben, daß er sich überhaupt keine Gedanken machte, sondern auf dem schnellsten Weg nach Hause eilte.

Die Frau schloß sogleich alle Fenster, als sie ihn kommen sah. Kaum war er im Haus, da legte er die Kugel mitten in die Stube und rief: ‚Dreh dich, Schwarze, tummel dich!‘ Und wieder fing die Kugel an, sich zu drehen, schneller und immer schneller, auf einmal sprang sie entzwei, und zwei Männer stiegen heraus. Die wuchsen in wenigen Augenblicken zu zwei Riesen empor, von denen jeder einen dicken Knüppel schwang. Damit schlug der eine auf den Kirchendiener, der andere auf dessen Frau ein, daß ihnen Hören und Sehen verging. ‚Dummheit braucht Schläge!‘ riefen sie dazu. ‚Dummheit braucht Schläge!‘ – In ihrer Angst zwängte sich die Frau hinter den Ofen, und der Mann versteckte sich unter dem Bett, und als die Riesen auf nichts mehr loszuschlagen hatten, schrumpften sie zusammen und krochen in die Kugel zurück.

Das war eine böse Überraschung, und nun jammerte nicht nur die Frau, sondern auch der Mann. Einmal, weil er grün und blau gedroschen war, und zum anderen, weil ihm die Riesen die Wahrheit zugerufen hatten. Zwei Tage gingen der Mann und die Frau um die Kugel herum wie um ein wildes Tier. Am dritten Tag aber setzten sie sich zusammen und berieten, ob nicht auch mit dem Zauber dieser Kugel etwas anzufangen sei. Wenn sie schon Not leiden mußten, dumm wollten sie nicht auch noch sein. Da kam ihnen zu Ohren, daß der Bürgermeister am anderen Tag ein großes Fest geben wollte, zu dem er sogar den Landrat eingeladen hatte und natürlich auch den Pfarrer und den Kantor. – ‚Eine bessere Gelegenheit gibt es nicht', sprach die Frau. – ‚Jetzt werde ich es ihnen heimzahlen', sprach der Mann. Und alle beide konnten sie vor Aufregung die ganze Nacht kein Auge zumachen.

Als nun am anderen Tag das Fest im Hause des Bürgermeisters in vollem Gange war, als die Gäste mit Hilfe der kleinen Männchen aus der ersten Kugel schmausten und tranken und es sich an nichts fehlen ließen, klopfte der Kirchendiener an die Tür. Er hatte die große schwarze Kugel unter dem Arm, sagte der Magd, er wolle eingelassen werden und mit dem Bürgermeister sprechen. – ‚Es geht nicht', sprach die Magd. ‚Der Bürgermeister sitzt mit seinen Gästen an der Tafel, und dich will er dabei ganz bestimmt nicht sehen.'

‚Daran zweifle ich nicht', antwortete der Mann. ‚Aber wie wäre es, wenn du dem Bürgermeister sagtest, ich hätte noch eine größere und bessere Kugel bei mir?' – Die Magd besah sich die schwarze Kugel und verschwand. Darauf ließ der Bürgermeister fragen, wie der Zauber der neuen Kugel beschaffen sei. Der Kirchendiener trug der Magd auf, sie solle ausrichten, daß nur er selber diesen Zauber vorführen könne.

Als nun die Gäste zu Ende getafelt, die kleinen Männchen alles abgetragen hatten und die Kugel wieder im Geldschrank eingeschlossen war, durfte der Kirchendiener in die Stube kommen. ‚Mein lieber Freund', sprach der Bürgermeister, ‚du hast, wie ich höre und sehe, eine neue Kugel in deinem Besitz.' – ‚So ist es', erwiderte der Kirchendiener. – ‚Nun, es wird dir doch keine Mühe machen, uns mit dem Zauber dieser Kugel zu überraschen?' – ‚Das macht absolut keine Mühe', entgegnete der Kirchendiener, ‚und die Überraschung wird gelingen.' Mit diesen Worten legte er die Kugel auf den Boden und sprach:

‚Dreh dich, Schwarze, tummel dich!'

Voller Neugier sahen die Gäste zu, wie die schwarze Kugel sich zu drehen begann, schneller und schneller wurde, und sie riefen ‚Ah!' und ‚Oh!', als sie auseinandersprang und die beiden Männer herausschlüpften. Die Verwunderung schlug jedoch schnell in Erstaunen um, als die beiden größer und größer wurden und ihre Knüppel schwangen, und als sie auf die ganze Gesellschaft wie wild einzudreschen anfingen, schrien die Gäste aus Leibeskräften. Alle sprangen von ihren Stühlen und wollten zur Tür. An der Tür aber stand der Kirchendiener und ließ keinen hinaus. ‚Gib die Tür frei!' schrie der Bürgermeister. Er hatte schon ein blaugeschlagenes Gesicht und rief noch einmal: ‚Gib die Tür frei!' – ‚Nicht eher, als bis ich meine erste Kugel zurückhabe', rief der Kirchendiener. Sie stritten hin und her, während die Riesen nicht aufhörten, mit ihren Knüppeln auf alle einzudreschen. Am Fenster aber trat die Frau des Kirchendieners von einem Bein auf das andere und schrie und lachte vor Freude. ‚Recht so, gebt es ihnen! Betrug muß Prügel haben!'

In seiner Not stürzte der Bürgermeister zum Geldschrank, schloß ihn auf, holte die gute Kugel heraus und warf sie dem Kirchendiener vor die Füße. – ‚So ist es richtig', rief der Kirchendiener, nahm sie unter den Arm, und sogleich hörten auch die Riesen zu dreschen auf. Sie schrumpften zusammen, stiegen gemächlich in die große Kugel zurück und rollte dem Kirchendiener vor die Füße. Er hob sie auf wie die erste und ging aus dem Haus. Nun begann im Hause des Kirchendieners das sorglose Leben abermals, und da kein Geheimnis mehr daraus gemacht zu werden brauchte, war das Haus stets voller Gäste, die auf das Beste bewirtet wurden. Das ging, wie es immer geht, so lange gut, wie etwas neu und ungewohnt ist. Eines Tages nun hatten der Mann und die Frau das Haus voller Besuch, so daß Tische und Stühle nicht ausreichen wollten. Die gute Kugel lag wieder auf dem Leinentuch, und der Kirchendiener sagte den Zauberspruch her. Sogleich fing die Kugel an sich zu drehen, schneller und schneller. Da klopfte ein Uneingeladener an die Tür, und weil ihm keiner öffnete, machte er die Tür auf. Im nächsten Augenblick sprang die Kugel vom Tisch herunter, rollte und rollte und war auch schon zur Tür hinaus. Die ganze Gesellschaft eilte ihr nach und versuchte sie einzuholen. Vergebens. Alle sahen, wie sich die Kugel teilte, wie die sieben Männchen heraussprangen und mit dem kostbaren Geschirr davonliefen, immer den Bergen in der Ferne zu. Da half alles Rufen und Rennen nichts, die Kugel war verloren. Zu der offenen Tür sprang aber in diesem Augenblick auch die andere Kugel hinaus, die große, in der sich die beiden Riesen verbargen. Sie rollte an der traurigen Gesellschaft vorüber, genauso schnell und immer schneller wie die erste, und alle sahen, wie auch diese Kugel sich teilte, die Männer heraussprangen, und in wenigen Augenblicken zu Riesen wurden. Nur waren es diesmal nicht zwei Riesen, sondern vier, fünf, sechs, sieben. Sie liefen immer hinter den Kleinen her, auf die Berge zu. –

Und dort sind sie bis auf den heutigen Tag geblieben", sagte der Großvater. „Und jetzt weißt du auch, warum unser Gebirge Riesengebirge heißt." – In diesem Augenblick kam die Großmutter herein und sagte: „Es wird klappen." Damit meinte sie, daß zu Großvaters Geburtstag der Flieder blühen würde. Den liebte er von allem, was im Garten blühte, am meisten.

# Die Reise im Braukessel

Alle Vierteljahre zog sich der Großvater einen Tag lang in das Obergeschoß des Hauses zurück, oder er fuhr, bei schönem Wetter, mit den Pferden über Land. Es war nicht irgendein Tag, sondern es war der immer wiederkehrende Waschtag mit seiner Unruhe und seinem Holzpantoffelgeklapper, der dem Großvater zuwider war. Außerdem behauptete er, die Waschfrau, die zu uns kam, hätte eine Stimme wie ein Korporal, und dafür war er schon gar nicht zu haben. Mir dagegen machte es Spaß, durch die Dampfschwaden der kochendheißen Wäsche zu gehen, die im Haar Perlen ansetzten, um nach der Großmutter und der alten Berthe zu suchen. – Besonders aufmerksam verfolgte ich aber die Vorbereitungen am Tage vorher.

Sobald der Daniel die einge-
trockneten Waschwannen mit Wasser füllte, damit sie aufquollen und dicht wurden und sich dann mit einem Armvoll trockener Scheite vor den großen Waschkessel kniete, um das Feuer darunter anzuzünden, war ich nicht von ihm wegzukriegen. Er blieb auf einem Schemel neben dem Kessel sitzen, bis das Wasser heiß war. Ich setzte mich neben ihn, denn auf solche Gelegenheiten war ich stets aus.

Das eine Mal, es muß im Herbst gewesen sein, weil der Wind dauernd trockene Blätter am Waschküchenfenster hochtrieb, an diesem Nachmittag sagte der Daniel: „Ich denke, es ist so ein großer Kessel wie dieser gewesen, mit dem die Magd ihre Reise gemacht hat." – „Was für eine Reise?" – „Die Reise zum Hexentanz. Hör zu: Auf einem Hof, hoch oben in den Bergen, lebte eine Witwe. Sie war groß und stattlich und von allen Leuten wohl angesehen, und es hätte nichts an ihr auszusetzen gegeben, wenn sie nicht eine Hexe gewesen wäre. Aber das wußte keiner, denn sie verstand es gut zu verheimlichen. Alles Land, das zu ihrem Hof gehörte, hatte sie einem Pächter übergeben und nichts von ihrem verstorbenen Mann im Haus behalten als zwei Peitschen, mit denen er die eingespannten Pferde vorangetrieben hatte, und so brauchte sie für die Arbeit im Haus nur eine einzige Magd.

Das Mädchen, jung und anstellig, hatte nicht nur flinke Hände sondern auch flinke Augen, denen so leicht nichts entging, schon deshalb nicht, weil der Hof einsam lag und sich wenig genug ereignete. So war es der Magd nicht entgangen, daß die Hausfrau von Zeit zu Zeit ein seltsames Wesen bekam, am Fenster stand, zur Tür hinauslief, wieder hereinkam und schließlich in ihre Stube ging und die Tür hinter sich verriegelte, gerade so, als ob sie krank wäre. Vorher aber schickte sie die Magd immer zu ihren Verwandten ins Dorf hinunter und hieß sie, erst am anderen Morgen wieder auf dem Hof zu sein.

Jedesmal, wenn die Magd zurückkam, war die Frau schon aufgestanden, und obgleich sie so müde aussah, als ob sie die ganze Nacht auf den Beinen gewesen wäre, hatte sie schon Feuer angemacht, wirtschaftete umher und war wieder ganz die alte. Aber immer brachte ein paar Tage später jemand die Nachricht, daß in der Nähe ein Unglück geschehen sei. Einen Holzfäller hatte der stürzende Baum getroffen, einem Fuhrmann waren die Pferde durchgegangen, einem anderen der Frachtwagen ausgebrannt, von einer morschen Brücke waren Schäfer und Schafe in die Tiefe gestürzt.

Das eine Mal ergab es sich nun, daß die Magd später aus dem Haus ging als gewöhnlich, wenn die Frau ihr wunderliches Wesen bekam, und gerade als sie die Haustür hinter sich zuziehen wollte, war es ihr, als ob die Frau nach ihr gerufen hätte. Deshalb fragte sie: ‚Fehlt Euch noch etwas?' – Sie bekam keine Antwort. Da ging die Magd zur Stubentür und fragte noch einmal: ‚Fehlt Euch noch etwas?' Und als die Antwort wieder ausblieb, drückte sie die Klinke herunter.

Zu ihrem Erstaunen war die Tür unverriegelt, und die Stube war leer. ‚Das ist seltsam', sprach die Magd zu sich selber. ‚Wo kann die Hausfrau geblieben sein? Aber habe ich nicht vorhin Schritte auf der Treppe gehört, als ich nach meinem Schultertuch und dem Korb in der Kammer war? Sie wird auf den Boden gegangen sein, um nach dem Dörrobst zu sehen.' Und ohne sich noch Gedanken zu machen, ging die Magd aus dem Haus.

Nun war es so, daß an den Weihnachtstagen ein Schlitten nach dem anderen auf den Hof fuhr. Das waren die Verwandten des verstorbenen Hausherrn, die alle von der Witwe auf das beste bewirtet wurden mit Braten und Kuchen und Weihnachtsbier. Auf das Brauen des Weihnachtsbieres verstand sie sich nämlich vortrefflich, und es war kein Hof weit und breit, auf dem es besseres Bier gegeben hätte. Deshalb war es kein Wunder, daß sie jedes Jahr den großen Kessel voll Bier brauen mußte.

Als nun die Weihnachtstage herankamen, fiel der Magd die Unruhe auf, von der die Hausfrau abermals befallen wurde, und je näher der Weihnachtsabend rückte, desto schlimmer trieb sie es. Plötzlich erinnerte sich die Magd, wie sie beim letztenmal die Hausfrau vergebens gesucht hatte, und sie nahm sich vor, die Augen diesmal offenzuhalten. Vielleicht kann ich dahinterkommen, dachte sie, was es mit dieser Unruhe auf sich hat. – Als nun am Weihnachtstag alles für den Besuch vorbereitet war und auch das Bier, in Krüge gefüllt, im Keller stand, blieb der Magd nichts weiter zu tun übrig, als den kupfernen Braukessel blank zu putzen, bevor sie zu ihren Verwandten ins Dorf hinunterging. Den ganzen Tag hatte sie die Hausfrau nicht aus den Augen gelassen, nun stand sie in der Brauküche und konnte nicht sehen, was drin im Haus vor sich ging. Es kann nicht schaden, dachte sie, wenn ich mir noch ein Tuch zum Blankputzen hole. Je mehr der Kessel glänzt, desto lieber wird es der Frau sein.

Als sie nun aus der Brauküche ging und vorsichtig zum Stubenfenster hineinspähte, sah sie die Hausfrau stehen. Sie hatte sich den langen Rutenbesen zwischen die Knie geschoben, mit dem die Magd immer den Hof fegte, hielt ein Kuhhorn in der Hand, steckte jetzt Daumen und Zeigefinger hinein und strich damit an dem Besenstiel auf und nieder. Plötzlich aber langte sie nach der Peitsche neben sich, schlug auf den Besenstiel ein, die Tür sprang auf, und im nächsten Augenblick flog die Frau reitend zum Haus hinaus.

‚Sieh an, sieh an', sprach die Magd zu sich, ‚ich stehe bei einer Hexe im Dienst. Darauf soll einer erst kommen! Aber schlecht ist es mir bei ihr nicht ergangen. Wie wäre es, wenn ich den Zauber selbst einmal ausprobieren würde?' Ohne lange zu überlegen, lief sie auch schon ins Haus, ging in die Stube, griff nach dem Kuhhorn, langte sich die zweite Peitsche, die neben der Tür stand und lief damit ins Brauhaus zurück. Dort bestrich sie den blanken Braukessel mit der Salbe aus dem Kuhhorn, wie sie es von der Hausfrau gesehen hatte, setzte sich mitten in den Kessel hinein, trieb ihn tüchtig mit der Peitsche an, und im nächsten Augenblick erhob sich der Kessel, drehte sich zweimal um sich selber, schwankte ein wenig, und die Reise begann. Er flog so schnell durch die Luft, daß der Magd Hören und Sehen verging. Wind und Wolken sausten an ihr vorüber, doch es war ihr weder heiß noch kalt. Sie dachte nicht ein einziges Mal daran, wie es ihr denn ergehen würde, denn daß die Reise zum Hexentanz auf dem Blocksberg ging, daran hatte sie keinen Zweifel.

Und so war es auch. Als der Kessel zum Stehen kam und sich auf die Erde setzte, fand sie sich hoch oben auf dem Blocksberg wieder, wo bereits alle Hexen versammelt waren. Sie wollte sich gerade nach ihrer Hausfrau umsehen, als plötzlich der Teufel zwischen den Hexen stand. Er hatte ein dickes Buch unter dem Arm und hinkte mit seinem Pferdefuß einmal im Kreis herum, nickte den Hexen mit seinem gehörnten Kopf zu und funkelte dabei mit seinen rotglühenden Augen. Dann stand er still und hielt eine Rede.

‚...und alle Menschenseelen müssen unbedingt zu mir in die Hölle kommen!' rief er zum Schluß, ‚und es ist erste Hexenpflicht, mir dabei zu helfen. Hier in diesem Buch steht geschrieben, wer von euch Hexen das Jahr über besonders eifrig gewesen ist.' Dann schlug er das Buch auf und begann die Namen vorzulesen.

Die Magd im Braukessel kam aus dem Staunen nicht heraus. Ein Unglück nach dem anderen entpuppte sich als Hexenzauber, und sie wartete gespannt darauf, was von ihrer Hausfrau alles in dem Buch verzeichnet war. Plötzlich aber wurde es der Magd höllenheiß. Der Teufel hatte sie entdeckt und seine glühenden Augen auf sie gerichtet. ‚Ich sehe, es ist jemand unter uns, der noch nicht im Hexenbuch steht', sprach er. ‚Wer von euch hat das Mädchen mitgebracht?'

Jetzt richteten sich die Augen aller Hexen auf die Magd im Braukessel, und jede schüttelte den Kopf. Da kam die Hausfrau auf den Braukessel zu und sagte: ‚Du hast mich also belauscht. Du hast den Zauber entdeckt und bist mir nachgekommen. Nun, Herr Urian', wandte sie sich an den Teufel, ‚dann wird nichts anderes übrigbleiben, als sie zur Hexe zu machen und sie

in Euer Buch einzuschreiben.
Ihr werdet Euch gewiß über eine neue Gehilfin freuen.' – ,Du hast recht, Schwester', entgegnete der Teufel, ,sie muß zur Hexe gemacht werden.'

Lieber Gott im Himmel, dachte die Magd im Braukessel, das habe ich ganz und gar nicht gewollt. Nein, ich will nie und nimmer eine Hexe werden! – Doch der Teufel stand schon vor ihr und hielt ihr das schwarze Buch und einen schwarzen Federkiel hin. ,Schreib dich ein!' sprach er und funkelte sie mit seinen roten Augen an. – Der Magd zitterte die Hand, als sie nach dem Federkiel griff, und dann schrieb sie beherzt und leserlich: Gott ist mein Vater – im Namen Jesu Christi – in alle Ewigkeit.

Im nächsten Augenblick setzte ein Geheul auf dem Blocksberg ein, wie es die Hunde der ganzen Welt nicht in einer Mondnacht fertigbringen können. Der Teufel stampfte mit dem Pferdefuß, daß die Funken aus dem Berg stoben. Aber er hatte keine Macht mehr, ihr das Buch wegzunehmen, und die Hexen schwangen sich auf ihre Besen, schlugen mit den Peitschen darauf ein und stoben davon.

Nun saß die Magd im Braukessel ganz allein auf dem Blocksberg und hatte das Buch des Teufels in der Hand, in dem jeder einzelne Hexenzauber verzeichnet war. ,Ich nehme es mit nach Hause', sprach sie zu sich, ,damit alle lesen können, wieviel Böses von den Hexen kommt.' Und auf einmal fiel ihr ein, daß Weihnachtsabend war und wie sehr ihre Verwandten daheim schon auf sie warten würden. Sie schwang die Peitsche, und der Kessel machte einen großen Satz in die Luft, so sehr hatte sie auf ihn eingeschlagen.

Die Nacht war hell. Sie konnte die Hexen vor sich herfliegen sehen. Hin und wieder bog eine nach rechts oder links ab und schwebte auf ein Dorf zu. Die Magd konnte über den Kesselrand hinweg alles genau beobachten. Auf einmal sah sie unter sich einen See liegen, und sie merkte, wie der Braukessel langsamer wurde und Mühe hatte vorwärtszukommen. Den Hexen vor ihr schien es nicht anders zu gehen, so sehr sie auch auf ihre Besenstiele eindroschen. Schließlich ließen sie sich auf einer verschneiten Bergwiese nieder, um auszuruhen, und die Magd dachte, es würde das beste sein, den Braukessel ebenfalls verschnaufen zu lassen.

Die Hexen rückten sofort von ihr ab, als der Kessel aufsetzte, aber soviel konnte sie aus ihren Gesprächen doch heraushören, daß sie jetzt über den großen See hinwegspringen müßten.

Und die Hexe, bei der sie einige Zeit lang gedient hatte, sprach: ‚Dann hab' ich es nur noch ein kurzes Stück bis nach Hause.' – Ich werde mich gut hinter ihr halten, dachte die Magd, und als die Hexen wieder auf ihre Besen stiegen, schnalzte sie peitscheschwingend ihrem Braukessel zu.

Nicht lange, und sie sah den See unter sich. ‚Hü, Kessel, ho!' rief sie. ‚Ein Sprung, und wir sind darüber!' Und jetzt trieb sie ihn noch einmal mit der Peitsche an. Der Kessel nahm Anlauf – und mit einem gewaltigen Sprung setzte er über den See hinweg. Danach kam er wieder ordentlich in Fahrt, hob sich in die Luft hinauf und sauste weiter. Da rief die Magd erleichtert: ‚Kessel, das war ein ganz verteufelter Sprung, den du da...' Das Wort blieb ihr im Hals stecken. Der Kessel sank tiefer, sie beugte

sich hinaus, sah die Erde auf
sich zukommen und schlug wie besessen auf ihn ein. Es nützte nichts. Sie konnte sich gerade noch rechtzeitig am Rand festklammern, bevor der Kessel auf die Erde schlug und umkippte. Das Hexenbuch war ihr längst aus der Hand gefallen, und als sie sich aufraffte, um sich danach zu bücken, hörte sie hinter sich ein so gräßliches Gelächter, wie es nur der Teufel hervorbringen konnte; und das gleiche Gelächter kam wie ein vielstimmiges Echo von den Hexen zurück. – ‚Sie hat den Bann selbst aufgehoben – aufgehoben – aufgehoben –‘, hörte sie die Hexen kreischen. ‚Hat den Teufel beschworen, ohne in seinem Buch zu stehen – Buch zu stehen – Buch zu stehen – Habt ihr gehört, wie flink er zur Stelle war, unser Herr Urian – Urian – Urian – hahahaha – hahahaha…‘

Nun war guter Rat teuer. Wie sollte sie den Weg nach Hause finden, mitten in der Nacht? Es war gut, daß sie nicht zu denen gehörte, die schnell den Kopf hängen lassen, und so watete sie durch den Schnee vorwärts. Als sie eine gute Weile gegangen war, hörte sie plötzlich Glokkengeläut. Das können nur die Glocken der Mitternachtsmette sein, dachte sie, blieb stehen und lauschte, aus welcher Richtung der Klang zu ihr kam. Dann lief sie voran, so schnell sie konnte.

Und was glaubst du, wann sie daheim gewesen ist?“ fragte der hagere Daniel. „Genau in dem Augenblick, als ihre Verwandten sich um den Tisch gesetzt hatten und das erste Weihnachtsbier einschenkten.“ – „Hast du auch schon mal solches Bier getrunken, Daniel?“ fragte ich. – „Jawohl, und das schmeckt, sage ich dir! Schade, daß hier in unserem Kessel bloß Wasser ist.“

# Das schwarze Huhn

Wenn ich als Kind vor der Schlafenszeit in mein Bett wollte, war das für die alte Berthe jedesmal ein sicheres Zeichen dafür, daß ich krank werden würde. Dann füllte sie eine kupferne Wärmflasche mit heißem Wasser, holte ihr wollenes Umschlagtuch aus dem Schrank und wickelte mich darin ein. Diesem schwarzen Wolltuch wurden heilende Kräfte zugeschrieben, und keiner von uns, der krank war, hätte die erste Nacht ohne das schwarze Tuch geschlafen.

Sobald mich die alte Berthe ins Bett gehoben hatte, gab sie mir einen heißen Tee zu trinken und stopfte mir die oberen Zipfel des Deckbettes unter das Kopfkissen. Dann rückte sie sich den Lehnstuhl zurecht, zündete eine Kerze an und blieb still bei mir sitzen. Und immer, wenn ich im Fieber erwachte, sah ich sie. Oft war ihr der Kopf im Schlaf auf die Brust gesunken,

aber sie war da und ich
nicht allein. – Damals, als ich Scharlach bekam, wollte mich in meinen Fieberträumen ein großes, schwarzes Huhn ins Gesicht hacken, und das konnte kein anderes sein als das schwarze Huhn aus einem Märchen, das mir die alte Berthe erzählt hatte, ein paar Tage bevor ich krank geworden war.

Auf einem Bauernhof lebte einmal eine Frau, der hatte ein Unglück den Mann genommen, und so war ihr nichts geblieben als ihr einziger Sohn. Und weil es sonst keinen Menschen gab, der ihr nahestand, galt alle ihre Liebe dem kleinen Knaben. Er war folgsam und sanft und hieß John. Aber sie rief ihn nicht anders als Sonnensohn, denn sein Haar leuchtete so golden wie Sonnenstrahlen.

Eines schönen Frühlingstages wanderten die beiden zwischen den Steinzäunen der Heide zu, wo der Schäfer die Schafe weidete, die zum Hof der Witwe gehörten. Die Mutter wollte ihrem Sohn die jungen Lämmer zeigen, damit er seine Freude daran hätte. Als sie nun so dahingingen, kam es der Frau vor, als ob an einigen Stellen das Gras niedergetreten sei, und ob sie wollte oder nicht, sie faßte die kleine Hand des Sohnes fester. Sonnensohn aber wollte hinter den Vögeln herlaufen, die über den Weg hüpften. Er wollte den Schmetterlingen nach und die Bienen besehen, und die Mutter lief mit ihm, weil sie seine Hand nicht loslassen mochte.

Schließlich kamen sie bei dem alten Schäfer an. Er saß auf einem Stein und schnitzte an einer Pfeife herum. „Hab' ich es mir nicht gedacht, daß heute Besuch kommt!" sprach er zu Sonnensohn und seiner Mutter, und er lehrte den Jungen, die Pfeife zu halten und zu gebrauchen. Dann holte er ein weißes Lamm aus der Herde und gab es Sonnensohn in die Arme, und während der Knabe sich in das Spiel mit dem Tier vertiefte, sprach der Schäfer zur Mutter: „Laß deinen Sohn keinen Augenblick mehr allein. Die Unterirdischen sind in unsere Gegend gekommen. Ich habe sie gestern in der Vollmondnacht spielen hören und drüben um den grauen Findlingsstein tanzen sehen."

Da wurde der Mutter das Herz schwer. Sie wußte, in welcher Gefahr ihr Sonnensohn schwebte, denn mehr als ein Kind hatten die Unterirdischen schon gestohlen aus Wiegen und Betten und mitten im Spiel. „Auch ich habe auf dem Weg niedergetretenes Gras bemerkt", sprach sie, „und es ist mir gleich nicht geheuer vorgekommen." Sie machte sich deshalb mit ihrem Sohn beizeiten auf den Heimweg, weil sie noch vor der Dunkelheit im Haus sein wollte. – In der Nacht lag sie lange wach vor Sorge, während Sonnensohn in ihren Armen schlief. Es kam ihr mehr als einmal vor, als ob sie Musik in der Ferne höre. Das war eine eigene, süße Musik, mit der die Menschen fortgelockt wurden und in ihr Unglück liefen.

Nun hätte die Mutter ihren Sohn am liebsten an ihrer Schürze festgebunden. Sie ließ den Kleinen überhaupt nicht mehr von ihrer Seite. Den einen Tag nun, als sie gerade dabei war, das Essen auf den Herd zu stellen, zerrte der Hund im Hof an der Kette und hörte nicht auf zu bellen. Die Frau sah zur Tür hinaus. In diesem Augenblick riß sich der Hund von der Kette los und rannte in den Stall zu den Kühen. Die Frau lief ihm nach, doch im Stall war es wie immer. Die Kühe steckten ihre Mäuler in die Krippen und fraßen vor sich hin.

Nur der Hund klemmte den Schwanz ein und kroch auf dem Bauch in eine Ecke.

Wer weiß, was er hat, dachte die Frau und ging ins Haus zurück. Gleich darauf aber schrie sie wie in Todesnot. Ihr Sonnensohn war verschwunden. Zuerst wollte sie es nicht glauben. Er wird sich versteckt haben, dachte sie und fing zu suchen an. Sie rief und redete mit ihm, bat und flehte, suchte vom Keller bis unter das Dach, lief in den Garten und bettelte, er möge sich zeigen. Aber Sonnensohn war nicht mehr zu finden.

Inzwischen rückte der Abend näher. Die Sonne ging rot und schön über der Heide unter, aber die Mutter sah es vor lauter Tränen nicht. Sie saß vor der Tür, die Hände vor dem nassen Gesicht und wartete. – Plötzlich hörte sie hinter sich ein Geräusch. Erschrocken fuhr sie herum und sah ihren Sohn stehen. Sonnensohn! wollte sie rufen, aber der Name kam ihr nicht über die Lippen, denn der Knabe, der dort stand, war ihr seltsam fremd, obwohl er ihrem Sohn vom Kopf bis zu den Füßen glich.

„Mutter, warum weinst du denn?“ – „Weil ich dich gesucht und gesucht und nicht gefunden habe.“ – „Du hättest unter das Bett sehen müssen, Mutter. Dort hatte ich mich versteckt und bin eingeschlafen.“ – Die Mutter sah sich den Kleinen an, dann sprach sie: „Nein, nein, wer du auch sein magst, mein Sonnensohn bist du nicht.“ – „Doch, schau nur genau her, ich bin es. Ist das Essen fertig, Mutter? Ich habe Hunger.“

Als er das sagte, dachte die Mutter, er muß doch mein Sohn sein, und so nahm sie ihn an und gab ihm die besten Bissen, kochte ihm seine Lieblingsspeise, und der Kleine aß alles in sich hinein ohne Freude. Immer sah er blaß und kränklich aus, und die Mutter wurde den Verdacht nicht los, daß die Unterirdischen ihren Sohn mitgenommen und ihr diesen Wechselbalg ins Haus gebracht hatten. – Als sie nun immer weniger Liebe für den Kleinen aufbringen konnte, ging sie eines Tages allein zwischen den Steinzäunen dahin, um den alten Schäfer in der Heide um Rat zu fragen, der als weise und erfahren galt.

Der Schäfer hörte sich Zweifel und Kummer der Frau an und sprach: „Wir wollen ihn auf die Probe stellen. Aber es wird nur der erste Schritt sein. Hör zu: Morgen mittag, wenn die Uhr vom Kirchturm zwölf schlägt, nimmst du ein Hühnerei und teilst es in zwei Teile. Die eine Hälfte wirf hinter dich, aber die andere behalte in der linken Hand und rühre, was übriggeblieben ist, mit der rechten Hand um. Das Wichtigste aber ist, daß der Kleine dir zusieht, wenn du es tust. Sollte er nun fragen, wozu das gut ist, was du machst, dann antworte: ‚Ich will einen besonderen Kuchen backen.‘ Sagt er dir darauf etwas, so merke es dir und komm wieder zu mir in die Heide.“

Das war nur ein Rat, aber die Frau hoffte, er würde ihr weiterhelfen. – Schlag zwölf am anderen Mittag teilte sie also das Hühnerei, warf die eine Hälfte hinter sich und rührte in der Schale der anderen Hälfte mit dem Finger herum. Da kam der Kleine an den Tisch, und sein Gesicht war grau und voller Falten als er fragte: „Mutter, warum tust du das?“ – „Ich will einen besonderen Kuchen backen, mein Sohn“, antwortete sie. – „Oh, oh!“ rief der Kleine, und dann murmelte er: „Ich habe viel gesehen; Eichen, bevor sie Bäume wurden, Küken, bevor sie aus dem Ei schlüpften, aber Kuchen, den eine Frau in der Eierschale rührt, nicht.“ Und dabei sah er die Frau an, und ihr wurde angst und bange unter seinem bösen Blick. So schnell sie konnte, lief sie am Nachmittag in die Heide und berichtete dem Schäfer, was sich zugetragen hatte.

„Wir haben die richtige Spur gefunden“, sprach der Schäfer. „Der Kleine in deinem Haus muß zum Volk der Unterirdischen gehören und uralt sein. Er hat die Gestalt deines Sohnes angenommen, den sie dir gestohlen haben. Und nun höre meinen zweiten Rat: In der nächsten Vollmondnacht komm in die Heide und verbirg dich an jener Stelle drüben, wo der große Eichbaum steht, an dem sich vier Wege teilen. An seinem Fuß wächst Ebereschengebüsch, darin kannst du dich gut verstecken. Dann warte ab, was geschieht. Aber was es auch sein wird, du darfst keinen Laut von dir geben, und wenn es noch so schwer für dich ist.“

Die Frau ging nach Hause und wartete voller Ungeduld auf die nächste Vollmondnacht. Lange bevor es dunkel wurde, ging sie zu dem großen Eichbaum in der Heide, an dem sich vier Wege teilten.

Sie hatte ein schwarzes Tuch um die Schultern genommen und suchte sich einen Platz mitten im Ebereschengebüsch. Es war Spätsommer. Die Beeren an den Zweigen über ihr waren rot, das Heidekraut blühte. Als der Tag davonging und der Abend kam, strich ein leichter Wind von den Hügeln herüber, auf denen verkrüppelte Wacholder standen. Über ihr lärmten die Vögel im Strauch, und sie sorgte sich, daß sie von ihnen verraten würde. Als aber der Mond hinter den Hügeln am Himmel emporstieg, waren die Vögel verschwunden. Dafür lag ein Duft über der Heide von Rosen und Geißblattblüten, der es ihr nicht nur schwer machte zu atmen, sondern vor allem sich wach zu halten. In dem Eichbaum rief eine Eule und flog mit weitgespannten Flügeln davon. In der Ferne bellten die Füchse.

Plötzlich aber, als die Frau über den Schlaf kaum noch Herr werden konnte, hörte sie Musik drüben von den Hügeln her. Sie richtete sich auf, und so weit sie auch davon entfernt war, sie konnte sehen, daß der eine Hügel sich geöffnet hatte und ein langer Zug kleiner Leute daraus hervorkam. Er hielt genau auf den Eichbaum zu, und je näher er kam, desto deutlicher konnte die Frau die Kleinen mit ihren roten Kappen und roten Schuhen erkennen. Sie trugen hellblaue Jacken und braune Höschen. Die vordersten spielten auf Fiedeln und Flöten, Lauten und Dudelsäcken, um sie her hüpften andere munter über das Heidekraut, und alle hatten sie faltige Gesichter, die nicht zu ihrem übermütigen Gehabe passen wollten.

Nur einer, den sie in die Mitte genommen hatten und der größer war als alle anderen, machte ein todtrauriges Gesicht. Als der Zug nun

an der Frau vorüberging, erkannte
sie in ihm niemand anderen als ihren Sonnensohn. Jetzt mußte sie alle Kraft zusammennehmen, um nicht aufzuspringen und ihn aus dem Zug der Unterirdischen herauszureißen, denn ihr Sohn blickte so merkwürdig vor sich hin, als gehöre er nicht mehr in diese Welt.

Als die Kleinen vorübergezogen waren und sich in der Ferne verloren hatten, stand die Frau auf und ging nach Hause. Sie ließ sich nicht anmerken, was sie in der Nacht gesehen hatte, wusch den Kleinen, der ihr Sohn sein wollte, kämmte ihn wie immer und setzte sich mit ihm zum Frühstück nieder. Kaum aber war er in sein Spiel vertieft, als sie auch schon wieder in die Heide zu dem alten weisen Schäfer lief und ihm alles berichtete.

Der Schäfer stellte ihr nun dreimal sieben Fragen und gab ihr dann den dritten Rat. „Sieh zu", sprach er, „daß du ein schwarzes Huhn findest. Das mußt du schlachten und danach braten, aber nicht gerupft, wie du es sonst zu tun pflegst, sondern lege das tote Huhn mitsamt seinen schwarzen Federn in die Pfanne und stelle sie auf das Feuer. Nun mußt du Türen und Fenster verschließen, und nichts weiter als der Rauchfang über dem Kamin darf offen sein. Verwehre dem Kleinen nicht, dir zuzusehen und beobachte ihn gut. Vergiß aber vor allem eines nicht: Das Huhn darf keine einzige weiße Feder haben!"

Auf dem Heimweg dachte die Frau: Das alles ist wirklich seltsam, aber der Schäfer hat mir ja bis jetzt gut geraten. – Da sie auf ihrem eigenen Hof kein Huhn mit schwarzen Federn hatte, fragte sie auf allen Höfen in der Umgebung danach; den ersten Tag auf den Höfen im Süden, den zweiten Tag auf den Höfen im Osten.

Den dritten Tag
ging sie im Westen von einem Hof zum andern, aber nirgends war ein schwarzes Huhn zu finden. Nun blieb ihr nur noch übrig, die Höfe im Norden aufzusuchen, aber auch hier schien alle Nachfrage vergebens zu sein.
Schließlich sah sie noch ein halbverfallenes Haus oben in den Bergen liegen. Ohne Hoffnung und müde, wie sie war, ging die Frau auf das Gehöft zu. Es sah aus, als ob es unbewohnt wäre, doch die Tür war nur angelehnt, und die Frau ging hinein. In der Stube war es vollkommen dunkel. Sie brauchte eine Weile, bis sie sich zurechtfand und das steinalte Weib sah, das am Tisch saß. Es hatte den Kopf in die Hand gestützt und weinte leise vor sich hin.
„Was fehlt dir, Mütterchen?" fragte die Frau. „Kann ich dir helfen?" – „Das weiß ich nicht", antwortete die Alte, ohne das Gesicht zu heben. „Aber wenn du wüßtest, wie ich zu ein wenig Licht in der Stube käme, würde ich dir mein einziges schwarzes Huhn dafür schenken. Ich habe versucht, das Licht mit dem Eimer und dem Topf hereinzuholen, aber es läßt sich nicht in die Stube tragen." – Da ging die Frau hinaus, klappte die Fensterläden an die grauen Steinwände und öffnete die Tür. – „Ja, ja", rief die Alte. „Jetzt sehe ich wieder, jetzt ist es hell um mich." Und sie schlürfte in den Stall, nahm das pechschwarze Huhn von der Stange und setzte es in den Korb, den die Frau am Arm trug.
Noch am Abend, als sie nach Hause kam, wollte sie das Huhn töten, wie es ihr der Schäfer gesagt hatte. Sowie sie aber in den Korb hineingriff, fing das Huhn an, nach ihr zu hacken. Es hämmerte so heftig mit seinem Schnabel auf die Hände und Arme der Frau ein,

daß ihr das Blut über
die Finger lief, und der Kleine stand neben dem Herd und nickte bei jedem Schnabelhieb. – Als die Frau das Huhn endlich aus dem Korb gehoben hatte, entschlüpfte es ihren Händen, flatterte in der Küche umher und versuchte,

ihr ins Gesicht zu fliegen und ihre Augen mit dem Schnabel zu treffen. Die Frau wußte nicht, wie sie sich seiner erwehren sollte. Der Kleine aber stand da und klatschte in die Hände dazu.

Mit einemmal überkam die Frau ein schrecklicher Zorn. Sie packte das Beil, warf sich mit ihrer ganzen Kraft auf das Huhn und hieb ihm mit einem einzigen Schlag den Kopf ab. Dann setzte sie es in die Bratpfanne, stellte es aufs Feuer und legte ordentlich Holz nach. Jetzt erst merkte sie, daß sie am ganzen Leibe zitterte. Sie wusch sich Gesicht und Hände und wartete, was mit dem Huhn geschehen würde. Die Zeit ging dahin, und sie sah, wie sich die erste schwarze Feder vom Rücken des Huhnes löste, und gleich darauf fiel noch eine und noch eine dritte heraus. Plötzlich war es der Frau, als ob Musik auf das Haus zukäme, und je mehr Federn das Huhn verlor, desto lauter wurde die Musik, und auf einmal war die ganze Küche erfüllt davon. Fiedeln und Flöten ertönten, Harfen und Dudelsäcke. Es war die gleiche Musik, wie die Frau sie in der Vollmondnacht gehört hatte. Nur war hier keine einzige rote Kappe und kein einziger roter Schuh zu sehen. Aber auch der Kleine, der gerade noch neben ihr gestanden hatte, war plötzlich verschwunden.

In diesem Augenblick war es der Frau, als ob draußen vor der Tür jemand riefe. – „Mutter! Mutter!“ – Sie rannte, sie riß die Tür auf und fiel auf die Knie. Vor ihr stand Sonnensohn. Er war mager und blaß und streckte die dünnen Arme nach ihr aus. Sie hob ihn hoch, trug ihn ins Haus und mußte sich hinsetzen. Sie weinte und lachte vor Freude und wollte ihn nicht mehr aus ihren Armen lassen. – „Was ist, Mutter, warum freust du dich gar so sehr?“ fragte der Knabe. – „Weil du so lange fort gewesen bist.“ – „Lange fort?“ fragte Sonnensohn. „Aber Mutter, ich bin doch nur vor das Haus gelaufen, weil ich die Musik ziehen sehen wollte.“ – „Ach, Sonnensohn“, antwortete die Mutter, „mir ist es vorgekommen, als wärst du länger als ein Jahr fortgewesen.“ Mehr sagte sie nicht, denn sie hatte gehört, daß Leute, die bei den Unterirdischen gelebt hatten, sich auf gar nichts mehr besinnen konnten. –

Und genauso ist es mir selbst damals ergangen, als ich wieder gesund war. Ich wollte der alten Berthe nicht glauben, daß ich im Fieber immer von dem schwarzen Huhn geredet und nach ihm geschlagen hatte.

# Einar, der Jäger

Hinter Großvaters riesigem Ohrensessel hing eine alte Uhr an der Wand. Ihr Pendel war so lang, daß sogar ich ihn erreichen konnte, obwohl ich die kleinste von uns allen war. Wenn er sein gleichmäßiges Hinüber und Herüber wieder einmal aufgegeben hatte, gerieten wir Kinder sofort in Verdacht, die Schuldigen zu sein, und der Großvater konnte fuchsteufelswild werden.

Die Uhr war ein verglaster, viereckiger Kasten, von dem im Laufe der Stunden zwei schwere Messinggewichte herabglitten. Das Schönste aber war ihr Zifferblatt. Das Zahlenrund mit den Zeigern wurde eingerahmt von einem farbigen Gemälde, das einen Jäger in den vier Jahreszeiten darstellte: im Winter hingen ihm vom geschulterten Gewehr Hase und Fuchs herab, im Frühling saß er am Teich auf dem Schnepfenstrich, im Sommer pirschte er auf den Rehbock im Kornfeld, und im Herbst baumelten Rebhuhn und Fasanen an seiner Jagdtasche. Es war ein junger Jäger, dem der blonde Vollbart gut stand und dem der grüne Hut keck auf dem Kopf saß.

Ich weiß es noch ganz genau, wie sich meine Schwester an einem langweiligen Nachmittag den Stuhl an die Uhr heranrückte, die Glasscheibe öffnete und unermüdlich die viertel, halben und ganzen Stunden schlagen ließ und wie sie plötzlich den großen Zeiger in der Hand hatte. Es war so schlimm, daß wir beide am liebsten hätten tot sein wollen. Bis der Großvater merkte, was geschehen war, hatten wir beide so sehr gelitten, daß ein Teil unserer Schuld abgebüßt sein mochte. Der Großvater sagte nur: „Wo ist er?" Und meine Schwester hielt ihm stumm den Uhrzeiger hin. Dann mußte der hagere Daniel anspannen, der Großvater nahm die Uhr von der Wand, und sie fuhren in die Stadt.

Am anderen Tag, als die Geschwister in der Schule waren, fragte mich der Großvater: „Hast du auch mitgedreht?" – „Nein, Großvater." – „Aber zugesehen und nichts gesagt." – Ich nickte schluchzend. – „Komm", sagte der Großvater nur, und im Ohrensessel, dicht an ihn gedrängt, erzählte er mir das Märchen von dem jungen Jäger auf dem Zifferblatt.

Es lebten einmal zwei kleine Bauersleute, die hatten einen einzigen Sohn. Er hieß Einar, war blond und groß und hatte für Vieh und Acker nicht das geringste übrig. Von klein an stand ihm der Sinn nach nichts anderem, als mit einem Gewehr über der Schulter in Wald und Feld umherzustreifen. Und weil er für ganz und gar nichts anderes zu haben war, wollte ihn der Vater bei einem tüchtigen Forstmann in die Lehre geben, damit ein guter Jäger aus ihm würde. So waren sich Vater und Mutter schnell einig, den Geldbeutel hervorzuholen, der unter dem Strohsack in der Bettstatt lag, und für das Ersparte ein Gewehr zu kaufen. Wenn das Geld auch für Notzeiten hatte sein sollen, so konnte es doch nicht besser verwendet werden, als ihrem Sohn zu seinem Glück zu verhelfen.

Das erste Lehrjahr ging vorüber, als Einar eines Tages durch das Gebirge streifte. Es war ein schöner Tag. Die Tannen standen hoch und dicht und gaben dem Weg viel Schatten. Plötzlich hörte der Jäger ein Geschrei in der Ferne. Er blieb stehen, um besser lauschen zu können. „Es kommt drüben vom Berg her", sprach er zu sich, „und wenn es nicht ein Kind ist, das dort schreit, so will ich nicht mehr Einar heißen!" Und schon begann er, durch das dichte Gebüsch der Kronsbeeren bergan zu steigen. Das Geschrei wurde immer angstvoller, je öfter es zu hören war, und Einar machte immer größere Schritte. Ob es ein Bär war, der über ein Kind herfallen wollte? Vergeblich versuchte der Jäger durch die Bäume zu sehen, und die Sorge, er könnte zu spät kommen, stieg von einem Augenblick zum andern. Auf einmal rückten die Tannen über ihm auseinander. Jetzt sah Einar oben auf der Bergkuppe ein Kind sitzen, auf das mit ausgebreiteten Flügeln ein Adler herabstieß.

Das Kind schrie laut und jämmerlich und schlug mit den Armen um sich, doch immer von neuem ließ sich der Adler aus der Luft herniederfallen. Jetzt waren es für Einar nur noch ein paar Sprünge, um den Adler sicher treffen zu können. Schnell nahm er das Gewehr von der Schulter, lud es, zielte und schoß. Gerade im rechten Augenblick, bevor der Adler seine Fänge in das Kind schlagen konnte. Als Einar an den toten Adler herantrat und sich über das Kind beugte, erschrak er nicht wenig. Das kleine Wesen hatte nur ein Auge, sein Kopf saß auf einem dünnen Hals, und seine Hände und Füße waren nicht größer als bei einem Zwerg. Mein Gott, dachte Einar, hier ist mir etwas widerfahren! Ich habe einem Trollkind das Leben gerettet! – Aber gerettet ist gerettet, tröstete er sich.

Das Kind sah ihn freundlich an und sprach: „Laß es dich nicht reuen. Der Adler war auch ein Troll, einer von den bösesten.“ – „Ich habe noch niemals gehört, daß Trolle gut sind“, entgegnete Einar und lachte. – „Was nicht ist, kann noch werden“, sprach das Kind darauf. „Komm mit mir nach Hause, dann wollen wir weitersehen.“ – Der Jäger überlegte nicht lange. Ist der eine Troll vor meiner Kugel nicht sicher gewesen, so wird es, wenn's sein muß, auch ein zweiter nicht sein, dachte er und ging mit.

Die Trollhütte war nichts anderes als die verlassene Unterkunft eines Viehhirten und lag am Rande einer großen Wiese. Ihr Dach war mit Moos bewachsen, und neben dem Eingang weidete eine Ziege mit drei Hörnern. Auf der anderen Seite aber war ein kleiner grauer Esel angepflockt. Als das Trollkind nun mit Einar, dem Jäger, auf die Hütte zuging, kam ein unsagbar häßliches Weib heraus. Seine Haare schleiften hinter ihm her über den Fußboden, die Zähne standen ihm aus dem Mund, und doch ähnelten sich die beiden, denn auch die Alte hatte nur ein Auge auf der Stirn.

„Wen bringst du mit?" fragte das Weib, und es hörte sich an wie das Grunzen eines Schweines. – „Den, der den Adler totgeschossen und mir das Leben gerettet hat", antwortete das Trollkind. „Der Graue mit den großen Flügeln wollte mich tothacken." – Nun erschien ein noch zehnmal häßlicherer Troll unter der Tür. Er kam heraus und hielt einen starken

Knüppel in der Hand. Damit stampfte er auf die Erde, sprang vor dem Haus hin und her und sang dazu: „Der Graue ist tot, vorbei ist die Not! Der Graue ist tot, vorbei ist die Not!“ Und es hörte sich an, als poltere eine Wassermühle. Jetzt kam er auf Einar zu und sprach: „Ich will dich dafür belohnen, Jäger. Komm mit mir ins Haus.“

Als Einar hinter dem Troll her in die Hütte ging, drängte sich das Kind neben ihn, stieß ihn mit der Hand an und flüsterte: „Nimm nicht Silber, nimm nicht Gold, nimm nicht Edelsteine! Nimm den Esel, den Esel vor der Tür, und die Pfeife, die Pfeife über der Bank, und die Büchse, die alte Büchse an der Wand.“ Das Kind wird wissen, warum es mir dazu rät, dachte Einar, der Jäger, und als er sich alle Schätze angesehen hatte, sprach er: „Ich bin ein Mann, der stets in Wald und Feld unterwegs ist. Deshalb brauche ich weder Gold noch Silber. Wenn ich mir aber die Beine auf dem Rücken des Esels einmal ausruhen könnte, so wäre mir das schon recht. Und wenn die Hunde auf den Pfiff einer Pfeife sogleich zu mir kämen, so wüßte ich wirklich nicht, was ich mir Besseres wünschen sollte. Hätte ich aber zu dem Gewehr, das mir mein Vater gekauft hat, noch hier die Büchse dazu, so könnte ich bei jedem großen Herren in Dienst gehen.“ Und weil er drei Wünsche freigehabt hatte, bekam er den grauen Esel, die Pfeife und die Büchse.

Als Einar nun wieder den Berg hinunterstieg, lief das Trollkind noch ein Stück neben ihm her. „Der König sucht einen guten Jäger“, sprach es. „Nimm Dienst beim König an, Jäger, du hast alles, was du brauchst.“ Dann nickte es ihm zu und ging zur Hütte zurück.

Tags darauf sprach Einar am Hofe des Königs vor, wie ihm das Trollkind geraten hatte. Dort hieß es, er käme wie gerufen, denn der alte Jäger sei lange tot und ein guter Jäger bis jetzt noch nicht aufzutreiben gewesen. Also stellte Einar seinen grauen Esel in den Stall und war es zufrieden. In der Frühe des nächsten Tages ging er sogleich auf die Jagd. Zwei Hunde begleiteten ihn, und er hatte Pfeife und Büchse bei sich, um zu sehen, wozu sie nütze wären. Da sie von den Trollen stammten, mußte irgendein Zauber mit ihnen verbunden sein.

Als Einar nun an jene Stelle kam, wo Rehe und Hirsche von einem Waldstück in das andere zogen, nahm er die Pfeife und blies hinein, damit die Hunde an seine Seite kämen. Wie groß aber war sein Erstaunen, als nicht nur die Hunde zu ihm kamen, sondern ein Hirsch und zwei Rehböcke vor ihm standen. – So ist das also, dachte Einar, der Jäger, nahm rasch die Büchse von der Schulter und schoß auf sie.

An diesem Tage brachte er so gutes Wildbret nach Hause, wie es der Koch im Schloß lange nicht mehr zubereitet hatte. Am nächsten Tag war es nicht anders, und soviel Wildbret auch gebraucht wurde, Einar, der Jäger, schaffte es herbei. Im Sommer waren es Hirsch und Reh, im Herbst Fasan und Rebhuhn, im Winter Hase und Wildschwein und im Frühling Schnepfe und Ente. Auch der König selbst erfuhr, wem er die guten Braten zu verdanken hatte. Er lobte den Jäger ein über das andere Mal, und immer öfter ließ er sich von Einar in den Wald zur Jagd führen, und immer kam er gutgelaunt nach Hause. Darüber verwunderten sich alle sehr, denn der König trug einen großen Kummer mit sich herum. Dieser Kummer galt seiner einzigen Tochter. Die war ihm von einer Trollhexe geraubt worden. – Nun dauerte es nicht lange, und am Königshof, wie überall in der Welt, reichten sich Neid und Mißgunst die Hände, und die Dienerschaft fing über Einar zu tuscheln an. Es könnte bei ihm unmöglich mit rechten Dingen zugehen, hieß es. Ganz gewiß stehe er mit dem Teufel im Bunde.

Davon wollte der König ganz und gar nichts hören, und er wies alle aus dem Schloß, die Einar, den Jäger, derart verdächtigten. Als das Gerede aber kein Ende nehmen wollte, als sogar der Oberhofmeister und der Schloßhauptmann vor den König traten und forderten, daß der Teufelsjäger auf dem Scheiterhaufen verbrannt werden müsse, bevor er sie alle mit seinen Zauberkünsten in die Hölle brächte, blieb dem König nichts anderes übrig, als auf sie zu hören. Er ließ Einar, den Jäger, zu sich rufen. „Sag mir", sprach der König, „was es mit deinem Glück bei der Jagd auf sich hat. Wie kommt es, daß dir noch niemals ein Schuß fehlgegangen ist und dir das Wild stets über den Weg läuft? Im Schloß heißt es, du bist mit dem Teufel im Bunde, und alle fordern deinen Tod."

Einar wußte sogleich, daß ihm Schlimmes bevorstand, und doch erzählte er dem König, was er ein Jahr zuvor mit dem Trollkind erlebt hatte. – Der König sah den Jäger an und sprach: „Du mußt fort, Einar. Ich kann dir dein Leben nicht retten, wenn du bleibst. Jetzt, nachdem ich die Wahrheit weiß, erst recht nicht. Aber wenn dir die Trolle so gut gesonnen sind, könnte es da nicht sein, daß du mit ihrer Hilfe meine einzige Tochter

findest und sie vom
Zauber der Trollhexe befreist?“ – „Ich weiß es nicht“, antwortete Einar, „denn ich habe bis jetzt immer nur Pfeife und Büchse gebraucht.“ – „Aber wenn du es fertigbrächtest“, rief der König, „mir meine Tochter zurückzuholen, so wäre mir mein halbes Königreich nicht zuviel dafür!“

Der Ritt zur Trollhexe oder der Scheiterhaufen, das ist am Ende gehupft wie gesprungen, dachte er, da läßt sich ein halbes Königreich leicht versprechen. Plötzlich aber fiel ihm der kleine Esel ein, und der Mut kam ihm wieder. So eilig sollen sie es noch nicht haben, den Scheiterhaufen aufzuschichten! Er sagte dem König Lebwohl und versprach sein Bestes zu tun.

Einar kümmerte sich nicht um die feindseligen Blicke, die ihm folgten, als er in den Stall ging. – „Iaaa, iaaa, mich hattest du wohl ganz vergessen?“ fragte der Esel. „Da mußtest du erst in Not geraten, um dich an mich zu erinnern. Jetzt binde mich los und führe mich vor das Schloß und dann in den Wald hinein. Niemand braucht zu sehen, wohin wir reiten.“ – „Weißt du es denn, Eselchen?“ – „Iaaa“, machte der Esel, „du sollst doch die Tochter des Königs zurückholen, die in der Gewalt der Trollhexe ist.“ – „Ist es ein weiter Weg bis zu ihr?“ fragte Einar, der Jäger. – „Iaaa“, machte der Esel, „und ich sage dir, du wirst viel Mut bei der Trollhexe brauchen. Deshalb frage ich dich, bevor du auf meinen Rücken steigst: Soll ich dich nur so weit forttragen, daß du vor dem Scheiterhaufen gerettet bist, oder willst du wirklich die Königstochter befreien?“ – „Es bleibt bei dem, was ich dem König gesagt habe“, antwortete Einar.

„Iaaa. Und wenn du mir jetzt
noch versprichst, daß du bei allem, was kommt, niemals denken wirst ‚Ach, hätte ich diesen Weg doch niemals getan!‘, dann kannst du dich auf meinen Rücken setzen.“ – Einar, der Jäger, versprach es, stieg auf, und der kleine graue Esel trabte los.

Sie ritten drei Tage und drei Nächte lang. Einar, der Jäger, merkte, daß alles um ihn her fremder wurde. Die Sonne brannte wie Feuer auf ihn und ausgedörrte Wiesen herab, und es war doch kein Himmel zu sehen, an dem sie auf und unter ging. Vor Durst quoll ihm die Zunge zu einem dikken, unbeweglichen Klumpen im Mund. Sobald es jedoch dunkel wurde, fiel die Kälte über Einar her und schüttelte ihn. Oft hatte er Mühe, auf dem Rücken des kleinen grauen Esels zu bleiben. Sein Bart wurde zum Eiszapfen in seinem Gesicht, und um zu wissen, ob er noch am Leben sei, fragte er immer wieder: „Sind wir auf dem richtigen Weg, Eselchen?“ – Und sobald er das freundliche „Iaaa!“ hörte, faßte er neuen Mut.

Schließlich, am vierten Tag, sahen sie das Schloß der Trollhexe vor sich liegen. Es war aus lauter Spinnweben gebaut. Ein Netz hing neben dem anderen, dicht und undurchdringlich gesponnen, und weil es noch früh am Morgen war, hingen Tautropfen an den dünnen Fäden. Das ganze Spinnwebschloß glitzerte über und über in kalter Pracht. – Nun blieb der kleine graue Esel stehen.

„Iaaa, Iaaa, es sind Gäste gekommen!
Wie geht's, wie steht's, werden sie aufgenommen?
Iaaa, Iaaa,
ist die Schloßherrin da?“

Nicht lange danach öffnete sich die Tür, und eine riesige schwarze Spinne kroch heraus. Mit ihren knochigen Beinen näherte sie sich Einar und dem Esel, hob den Kopf und bewegte ihn hin und her. Nun sah Einar, daß von ihrem Mund ein klebriger Saft heruntertropfte. – „Ihr habt einen guten Geruch an euch", sprach sie plötzlich. „Es wird mir eine Freude sein, euch das Blut auszusaugen…" Einar, der Jäger, wäre am liebsten umgekehrt, so sehr ekelte ihn vor ihr. Gerade noch rechtzeitig fiel ihm das Versprechen ein, das er dem Esel gegeben hatte. „Immer langsam", rief er. „Bevor du damit anfängst, wird es mir eine Freude sein, meine Büchse auf dich abzudrücken." –
Da lachte die Spinne aus vollem Halse.

„Gut“, rief sie, „so kommen wir miteinander ins Gespräch.“ Plötzlich verwandelte sie sich in ihre wirkliche Gestalt zurück und stand als grauhaarige Trollhexe vor dem Jäger. „Wie ich gehört habe, bist du gekommen, die Königstochter zurückzuholen, um deine eigene Haut zu retten“, sprach sie. – „Du hast richtig gehört“, antwortete Einar, der Jäger. – „Und woher weißt du, ob sie überhaupt mit dir gehen will?“ sprach sie. – „Ich bin hier, um sie zu fragen“, antwortete Einar. –

„Gut“, sprach die Trollhexe, „wenn du den Esel im Stall angebunden hast, wollen wir zusammen ins Schloß hineingehen.“ – Da band der Jäger den Esel fest und folgte ihr, und sie führte ihn durch sechs große Kammern. In der siebenten aber saß die Königstochter. Sie hatte ein graues Spinnennetz auf dem Schoß und zog Goldfäden hinein. Ihr langes, tiefschwarzes Haar bedeckte ihre Arme, und ihr Hemd war aus grobem Leinen.

„Hinter mir steht einer, der dich zu deinem Vater heimholen will“, sprach die Hexe. – Jetzt hob die Prinzessin den Kopf, und der Jäger sah, wie bleich sie war und was für traurige Augen sie hatte. Es mag kommen, was will, dachte er, ich werde sie hier nicht zurücklassen. – Bevor die Prinzessin etwas sagen konnte, fing die Hexe zu lamentieren an: „Als ob du es nicht gut bei mir hättest! Vom Feinsten zu essen, vom Feinsten zu trinken, und ein weiches Bett dazu, was willst du noch mehr?“ – „Ich will hungern und frieren und auf Stroh schlafen, wenn ich nur zurück zu meinem Vater kann“, antwortete die Prinzessin. Die Hexe wurde grün im Gesicht, und der Jäger befürchtete, daß sie sich wieder in die klebrige Spinne verwandeln würde. Die Hexe aber sprach: „Wie du willst.“ Sie zeigte auf Einar. „Wenn dieser hier dich in drei Tagen dreimal findet, bist du frei. Gelingt es ihm nicht, bleibt auch er mitsamt seinem Esel in meiner Gewalt.“ Dann verschloß sie die Tür und sagte zu Einar: „Komm, ich werde dir dein Bett zeigen.“ Sie führte ihn in eine Kammer, deren Wände wieder aus lauter Spinnweben waren, und in jeder dieser Spinnweben saß eine graue Spinne und knüpfte ihr Netz fester und fester. – „Ich bin es gewöhnt, bei meinem Esel im Stall zu liegen“, sprach Einar. „Ich will es auch in dieser Nacht nicht anders.“ – Wieder wurde die Hexe grün im Gesicht, aber sie ließ den Jäger gehen.

Als Einar den kleinen Esel gefüttert hatte, legte er sich neben ihn und erzählte ihm leise, was geschehen war. „Morgen muß ich die Prinzessin das erstemal finden“, sprach er. „Sonst müssen auch wir beide hierbleiben.“ – Der Esel schwieg eine Weile, dann sagte er: „Wenn die Prinzessin Goldfäden in ein Spinnennetz gezogen hat, dann mußt du überall dort suchen, wo Spinnwebfäden zu finden sind.“– Einar, der Jäger, seufzte. „Aber das ganze Schloß besteht aus nichts anderem!“ – „Iaaa“, antwortete der Esel. „Die Hexe will eben die Prinzessin behalten.“ Als der neue Tag kam, holte die Hexe den Jäger auch schon aus dem Stall in das Schloß hinüber. „Nun versuch dein Glück“, sprach sie. Der Jäger suchte jede Ecke ab, in der sich ein Spinnennetz spannte, hinter Schränken und Truhen, er kroch unter Tische und Betten. Als er nun in die Kammer mit den Webstühlen kam, an denen die Spinnen saßen und ihre Netze knüpften, fiel sein Blick auf einen Korb mit Fadenknäueln.

Einar befühlte jeden einzelnen. Der kleinste schien ihm zu schwer für seine Größe zu sein, und er nahm ihn heraus. Kaum hatte er ihn in der Hand, da rief eine Stimme: „Gefunden, gefunden!" Erschrocken ließ Einar das Knäuel fallen, und im nächsten Augenblick stand die Prinzessin vor ihm. – „Heute hast du Glück gehabt", sprach die Hexe zornig. „Morgen wird das anders sein."

In dieser Nacht riet der kleine graue Esel, die Hexe am anderen Tag nach einem Stück Brot zu fragen. Als Einar, der Jäger, tags drauf gesucht und gesucht und bis zur Mittagszeit die Prinzessin noch immer nicht gefunden hatte, sprach er zu der Trollhexe: „Ich sage nicht, daß du mich schlecht behandelst, aber wenn ich diesen Laib Brot hier auf dem Tisch liegen sehe, so fängt mir der Magen gewaltig zu knurren an." Und ehe die Hexe etwas sagen konnte, faßte er nach dem Brot und dem Messer, das daneben lag. „Gefunden, gefunden!" rief es da aus dem Brot heraus, und kaum hatte er einen Schnitt hineingetan, als die Prinzessin wieder vor ihm stand.

Die Hexe verzog ihr Gesicht. „Freue dich nicht zu früh", sprach sie, „du hast noch einmal nach ihr zu suchen. Morgen werde ich es sein, die sich freut." Und damit ließ sie ihn in den Stall zurückgehen. – In der dritten Nacht fand der Jäger nicht in den Schlaf, denn diesmal konnte ihm der kleine graue Esel keinen Rat geben, wo Einar am anderen Tag suchen sollte.

Als der Jäger am nächsten Morgen ins Schloß kam, stand die Hexe schon da und lächelte böse. „Nur zu", rief sie, „ich will sehen, was du heute fertigbringst." – Und Einar machte sich an die Arbeit.

Doch soviel er auch suchte, in Stuben und Kammern, in Schränken und Truhen, unter Tischen und Bänken, er fand die Prinzessin nicht. Und je ratloser er wurde, desto hämischer sah ihn die Hexe an. – Die Mittagszeit ging vorüber, der Nachmittag kam, und Einar wurde das Herz schwer. Da hörte er auf einmal den Esel im Stall rufen: „Iaaa, Iaaa, Iaaa!“ Sofort war er bei ihm. „Bring mich zum Brunnen“, rief der kleine graue Esel, „ich habe Durst!“ Und als der Jäger den Eimer vom Haken nahm, um Wasser zu schöpfen, fiel ihm das Spinnennetz auf, das zwischen dem Haken und dem Brunnenrand gesponnen war. In dem Netz aber zappelte eine Wespe, die vergebens freizukommen versuchte. Schnell zerriß der Jäger das Spinnennetz und hörte im nächsten Augenblick: „Gefunden, gefunden, gefunden!“

Aber da war auch schon die Hexe zur Stelle und wollte die Wespe mit dem Pantoffel erschlagen. Doch der Schlag streifte die Wespe nur – und schon stand die schöne, schwarzhaarige Prinzessin vor dem Jäger. Und während die beiden in ihrer Freude aufeinander zugingen und sich an den Händen hielten, jagte die Hexe mit dem Pantoffel hinter dem Esel her. „Du bist es gewesen, du und kein anderer! Du hast meinen Zauber erkannt, du Troll, der du dich in einen Esel verwandelt hast!“ – Plötzlich schlug der Esel mit den Hinterbeinen nach ihr und traf sie am Kopf. Die Hexe fiel um und blieb liegen wie tot. – „Iaaa, Iaaa, laß uns die Zeit nützen“, rief der Esel, „Steig auf meinen Rücken, damit ich dich heimtragen kann.“ Und so geschah es auch.

Der Heimweg war kürzer, als es der Weg in das Reich der Trollhexe gewesen war, und keiner am Königshof wollte seinen Augen trauen, als der kleine graue Esel mit der Prinzessin und Einar durch das Tor trabte. Der König aber geriet außer sich vor Freude. „Meine Tochter!“ rief er. „Meine liebe Tochter!“ Er schloß sie in seine Arme, und die Freudentränen liefen ihm über das Gesicht. Dann wandte er sich zu Einar und sprach: „Bevor du dich auf den Weg gemacht hast, habe ich dir mein halbes Königreich versprochen, wenn du mir nur meine Tochter zurückbrächtest. Nun aber will ich, daß dir mein ganzes Reich gehören soll.“

Einar, der Jäger, lächelte, Dann antwortete er: „Mir steht nicht der Sinn nach einem Thron, ich bin in Wald und Feld zu Hause. Wenn ich auf Hirsch und Reh, Hase und Fuchs, Schnepfe und Ente, Rebhuhn und Fasan pirschen kann, bin ich zufrieden, und solange ich meine Pfeife und meine Büchse habe, wird es mir an nichts fehlen.“

„Vergiß das Eselchen nicht!“ sprach die Prinzessin. Und als sie sich alle nach dem kleinen grauen Esel umsahen, war er verschwunden. Da ahnte Einar, der Jäger, daß der kleine graue Esel niemand anderes als das Trollkind gewesen war, dem er damals das Leben gerettet hatte. Es hatte ihm seine Dankbarkeit erweisen wollen und war nun zur Trollhütte in den Bergen zurückgekehrt. –

„Ja“, sagte der Großvater, „so muß es gewesen sein.“ Er zeigte zu dem gemalten Zifferblatt der alten Uhr hinauf. „Sonst wäre der kleine graue Esel dort oben bestimmt zu finden.“ – „Und die Hexe, Großvater, war die Trollhexe tot?“ – „Die Hexe ist bis auf den heutigen Tag lebendig“, antwortete er, „sonst hätte ich gestern nicht mit Uhr und Uhrzeiger in die Stadt fahren müssen.“

# Der Sturmzauber

Eines Tages mußte der hagere Daniel verreisen, weil seine Tante gestorben war. Ich konnte mir überhaupt nicht vorstellen, daß der grauhaarige Daniel noch eine Tante gehabt hatte. Aber der Großvater sagte, in manchen Familien lägen die Verhältnisse eben verzwickt, und mehr wisse er auch nicht. – Nun wartete ich voller Ungeduld auf Daniels Rückkehr, denn irgendeine Geschichte mußte hinter den verzwickten Verhältnissen zu finden sein. Und so war es auch, aber ganz anders, als ich gedacht hatte.

Als der Daniel nämlich heimkam, hing ihm ein grauer Seesack von der Schulter. Es dauerte mir viel zu lange, bis ihn der Daniel öffnete. Im nächsten Augenblick fuhr ich zurück: Obenauf saß ein Papagei! Ich wollte meinen Augen nicht trauen, als ihn der Daniel ohne Furcht heraushob und auf den Tisch setzte.

Und während mein Großvater einen Schnaps holte, saß der bunte Vogel da, ohne sich zu rühren.

„Vor vielen Jahren“, sagte der Daniel, „hat ihn der einzige Sohn meiner Tante mit nach Hause gebracht. Justus fuhr nämlich zur See, und Seeleute haben mitunter ausgefallene Ideen. Und als der Papagei gestorben ist, hat ihn die Tante ausstopfen lassen, zum Andenken an ihren Sohn, denn Justus ist von einer Fahrt nicht mehr zurückgekommen.“ – „Einfach nicht mehr zurückkommen“, sagte die Großmutter, „schlimm muß das sein.“

„Das ist wahr, und gerade von Justus hätte das keiner gedacht“, antwortete der Daniel. „Das war nämlich ein umsichtiger, fixer Kerl. Aber wie das so ist auf einem Segelschiff, als er gerade anfing zu fahren, ist ihm gleich ein ganz dolles Ding passiert. Er mag damals fünfzehn gewesen sein und war den ganzen Sommer über mit der Aron unterwegs gewesen. Bei der Aron handelte es sich um einen behäbigen Gaffelschoner, der ordentlich Fracht in seinen Bauch nehmen konnte. Und wie Justus erzählte, hat es ihm in den Sommermonaten an nichts gefehlt. Er war mit der Besatzung gut ausgekommen, und der Kapitän mochte ihn erst recht leiden. Obwohl er nichts weiter als ein Schiffsjunge war, packte er zu wie ein Vollmatrose. Nicht bloß beim Laden und Löschen, auch mit dem Segeltuch wußte er umzugehen, denn Segeln war sozusagen seine große Liebe. Dazu war er stets unverdrossen und lachte gern. Wie sich aber nun der Herbst mit seinen Stürmen ankündigte und die Aron im Hafen festmachte, um Fracht für die erste große Winterreise zu laden, hatte er plötzlich keine Lust mehr, an Bord zu bleiben. Der Kapitän mochte noch so sehr auf ihn einreden, nein, Justus wollte erst einmal nach Hause, wie er es seiner Mutter fest versprochen hatte.

‚Wie du willst', sprach der Kapitän. ‚Aber den einen Dienst könntest du mir noch tun: Bleibe auf dem Schiff, bis wir geladen haben und übernimm die Sonntagswache. Die Besatzung möchte sich an Land die Füße vertreten, und ich will mich nach Bauholz umsehen, damit das Schiff auch vollgeladen ist.' – ‚Auf ein, zwei Tage soll es mir nicht ankommen', erwiderte Justus. ‚Geht nur auf den Holzhandel und schickt die Besatzung von Bord. Ich will derweil auf das Schiff achtgeben.'

Als er nun endlich allein war, ging er in die Vorkajüte und machte es sich bequem. Den Anlegesteg hatte er genau im Blick, vor sich eine ordentliche Mahlzeit, in der Tasche eine gute Heuer, und an Tabak hatte es der Kapitän auch nicht fehlen lassen. So läßt es sich aushalten, dachte er und freute sich auf das Wiedersehen daheim bei seiner Mutter. – Auf einmal war es ihm, als ob er Stimmen gehört hätte, Stimmen, die ihm seltsam vorkamen. Solange ich hier sitze, ist niemand auf das Schiff gekommen, dachte Justus. Trotzdem gab es keinen Zweifel: Es wurde miteinander gesprochen.

‚Kann uns auch bestimmt keiner hören?' – ‚Nein, nein, ihr habt sie doch auch vom Schiff gehen sehen.' – Jetzt meinte Justus, die Stimmen müßten aus dem Innern des Schiffes kommen, und als er einen Spalt im Holz entdeckte, spähte er hindurch. Da sah er drei große schwarze Krähen sitzen, die plusterten die Flügel und steckten die Köpfe zusammen. ‚Er muß weg', krächzte die rechte.

‚Auch ich will ihn lossein', krächzte die linke, und die mittlere rief: ‚Schon lange bin ich seiner überdrüssig.' Mein Gott, dachte Justus, die drei können nichts anderes als Hexen sein, die sich in Krähen verzaubert haben. Aber von wem reden sie? Und als er ihnen eine Weile zugehört hatte, wußte er, daß die eine Krähe die Frau des Kapitäns war, die beiden anderen aber die Frauen des ersten und zweiten Steuermannes. Das ist mir eine schöne Bescherung, dachte Justus, eine Hexe zur Frau zu haben, und jetzt entging ihm von den dreien dort unten kein einziges Wort mehr.

‚Ich habe mir genau überlegt, wie wir sie alle drei mit einem Schlag loswerden', hörte er die Frau des Kapitäns jetzt sagen, ‚und das Schiff mit Mann und Maus untergehen lassen.' Daraufhin rückten die beiden anderen Krähen noch dichter an sie heran. Aber bevor die erste Krähe mit der Sprache herauskam, drehte sie den Kopf und legte ihn dann zur Seite. ‚Ob uns auch wahrhaftig keiner zuhört?' fragte sie.

‚Aber nein, rede jetzt, ich kann es nicht mehr erwarten', sagte die Frau des ersten Steuermannes. – ‚Also gut. Wir werden uns in Sturzseen verwandeln, mit den dazugehörenden Sturmböen, versteht sich, und alles über Bord spülen, was auf dem Schiff ist. Die erste Sturzsee bist du, die zweite bist du, und die dritte und letzte, mit der das Schiff zum Kentern gebracht wird, bin ich.' Und danach krächzte sie, daß es Justus kalt über den Rücken lief.

Die beiden anderen waren mit diesem Plan einverstanden, und sie berieten nun, an welchem Tag und zu welcher Stunde sie sich treffen wollten, um ihn auszuführen. Plötzlich aber drehte die mittlere Krähe wieder den Kopf. ‚Still, still!' rief sie. ‚Mir war, als hätte ich ein Geräusch gehört.' – ‚Ach, was', rief die Frau des zweiten Steuermanns, ‚warum sorgst du dich. Gegen den Zauber der drei Sturzseen gibt es keinen Gegenzauber.' – ‚Gerade das ist es', rief die Frau des Kapitäns, ‚es gibt einen Gegenzauber, und wenn einer ihn weiß, kostet es nicht unsere Männer das Leben, sondern uns selbst. Und gerade jetzt war es mir, als bekäme ich Tabakrauch in die Nase. Sollte doch jemand an Bord geblieben sein?' – ‚Nie und nimmer', sagte die Frau des zweiten Steuermanns, die am ungeduldigsten war, ihren Mann endlich loszuwerden. ‚In der Kombüse brannte noch Feuer im Herd, als ich mich umgesehen habe. Der Rauch von feuchtem Holz wird dir in die Nase gekommen sein, Freundin. Aber was für ein Gegenzauber ist es denn, vor dem wir uns hüten müssen?' ‚Hört zu', flüsterte die mittlere Krähe. ‚Wenn sie drei Klafter Birkenholz mitnehmen würden, an dem nicht ein einziger Span fehlt und um das sie mit keinem einzigen Wort gefeilscht haben, dann könnte es uns schlimm ergehen. Sie müßten allerdings wissen, daß sie bei der ersten Sturzsee das erste Klafter Holz ins Wasser werfen müssen, bei der zweiten das zweite, bei der dritten das dritte Klafter.' – ,Aber sie wissen es nicht', rief die Frau des zweiten Steuermanns, ,beim Teufel, sie wissen es nicht, und sie werden es nie erfahren!'

Die beiden anderen nickten. ,Stück für Stück muß das Holz ins Meer geworfen werden', sprach die Frau des Kapitäns. ,Stück für Stück, sonst können sie sich die Mühe sparen.' Danach lachte sie. Die anderen stimmten ein, und Justus hätte sich am liebsten die Ohren zugehalten. Und ehe er sich's versah, hörte er Flügelschlagen, und die drei Krähen flogen krächzend eine hinter der anderen zur Luke hinaus.

Bevor der Kapitän und die Matrosen wieder aufs Schiff kamen, hatte Justus Zeit, darüber nachzudenken, ob er die Reise mitmachen sollte oder nicht. Zuerst wäre er am liebsten noch in derselben Stunde auf und davon gegangen. Dann aber sagte er sich, daß er der einzige war, der von dem Geheimnis des Gegenzaubers wußte. Konnte er aber dem Kapitän und den beiden Steuerleuten erzählen, was er gehört hatte? Würden sie ihn nicht auslachen oder von Bord jagen, wenn er ihnen berichtete, daß jeder von ihnen eine Hexe zur Frau genommen hatte. Nach langem Hin und Her war Justus entschlossen, sein Geheimnis zu hüten und auf dem Schiff zu bleiben, um die Besatzung vor dem Untergang retten.

Als der Kapitän vom Holzkauf zurückkam, ging Justus zu ihm in die Kajüte und bat ihn, drei Klafter Birkenholz zu kaufen, an denen kein Span fehlen und um deren Preis er mit keinem Wort handeln dürfe. Außerdem bat er den Kapitän, an einem bestimmten Tag der Fahrt ihm, dem Schiffsjungen, das Kommando über das Schiff anzuvertrauen. Unter diesen Bedingungen wolle er die Winterfahrt mitmachen.

Wie nicht anders zu erwarten, stellte der Kapitän eine Frage nach der anderen, um den Grund für die Bedingungen aus Justus herauszufragen. Aber soviel er sich auch Mühe gab, Justus war zu keiner weiteren Auskunft bereit. Schließlich besprach der Kapitän die Sache mit dem ersten und dem zweiten Steuermann, und sie waren sich einig, daß die drei Klafter Birkenholz, na gut, an Deck gestapelt werden konnten. Doch das Kommando über das Schiff einem Schiffsjungen zu übergeben, so etwas war noch nicht dagewesen, solange ein Schiff unter Segel fuhr. Weil Justus sein Anliegen aber gar so ernsthaft vorbrachte, kamen der Kapitän und die Steuerleute schließlich überein, auf Justus einzugehen, denn wenn alle Taue reißen sollten, waren sie ja immer noch da. Die drei Klafter Birkenholz wurden also gekauft, und es fehlte kein Span an ihnen. Auch hatte der Kapitän mit keinem Wort um den Preis gefeilscht. Dann ließ er die Segel setzen, und sie fuhren los.

Sechs Tage lang geschah nichts. Am siebenten Tag aber sagte Justus, nun wäre es an der Zeit, der Kapitän solle ihm das Kommando übergeben. Sie waren jetzt so weit vom Land entfernt, daß keine Menschenseele, auch nicht mit dem schnellsten Segelschiff, ihnen hätte zu Hilfe kommen können.

Doch es war ein schöner, ruhiger Tag, und keiner konnte begreifen, warum Justus die Mannschaft an Deck kommen ließ und warum er sie hieß, alle Segel zu reffen. Die Matrosen lachten ihn aus, und er mußte manche schlimme Bemerkung, die seinen Verstand betraf, einstecken. Aber Justus kümmerte sich nicht darum. Er lief hierhin und dahin und prüfte genau, ob alle seine Kommandos ausgeführt wurden.

Als sie mit ihrer Arbeit gerade fertig waren, bezog sich der Himmel von einem Augenblick zum anderen mit blauer Finsternis. Den Matrosen blieben ihre derben Reden im Halse stecken, denn eine Sturmbö fegte auf das Schiff zu, von der jeder wußte, was ihr folgen würde. Und schon erhob sich eine Sturzsee, rollte heran und brach über dem Schiff zusammen. Sie drückte es in die Tiefe, als ob sie es begraben wollte, und das wäre ihr gelungen, wenn die Segel noch voll an den Masten gewesen wären.

Jetzt lachte keiner mehr über Justus, und als er befahl, sie sollten das erste Klafter Birkenholz über Bord werfen, aber Stück für Stück, wollte nicht einer zurückstehen. In diesem Augenblick nun, in dem das letzte Holz ins Wasser fiel, war in der Tiefe ein schreckliches Stöhnen zu hören, gerade so, als ob jemand mit dem Tode ringen würde. Das schauerte auch den hartgesottensten Matrosen über den Rücken. Zum Glück aber war wenigstens die Bö vorüber. ‚Justus', rief der Kapitän, ‚du hast Schiff und Ladung gerettet. Dafür werde ich dir immer und ewig…' – ‚Schon recht, schon recht', unterbrach ihn Justus. ‚Wenn es nur nicht noch schlimmer käme! Matrosen, bindet den letzten Fetzen Segeltuch fest!' Und kaum hatten sie es getan, als die zweite Bö heranfegte.

Schon am Ton hörte jeder, daß sie die erste an Stärke um vieles übertraf. Nicht anders war es mit der Sturzsee, die auf das Schiff niederging. Sie riß die gerefften Segel von den Masten und schlug mit den Tauen auf die Männer ein. ‚Das Holz, Matrosen!' schrie Justus aus Leibeskräften. ‚Werft das Holz vom zweiten Klafter ins Meer, Stück für Stück.' – Den Matrosen klopfte das Herz bis in den Hals hinein. Sie mußten sich aneinanderklammern, damit sie den Befehl ausführen konnten, so sehr schwankte das Schiff von einer Seite auf die andere. Und wieder war aus der Tiefe das Stöhnen zu hören, gerade so, als ob jemand eines furchtbaren Todes sterben mußte.

Als auch diese Sturzsee vorübergezogen war und ein jeder wieder Mut fassen wollte und dem lieben Gott danken, sagte Justus: ‚Dafür ist jetzt noch keine Zeit. Die dritte Sturzsee wird die schlimmste sein, und sie wird nicht lange auf sich warten lassen.

Bindet jedes Tau so fest ihr könnt, sonst sind wir verloren.' – Der Himmel hatte sich inzwischen in tiefschwarze Nacht gehüllt, als die dritte Bö fauchend und heulend daherkam. Die Matrosen duckten sich, und einer suchte Schutz beim anderen. Diese Sturzsee erhob sich höher und schäumender als die beiden ersten zusammen. Sie fiel auf das Schiff nieder, knickte die Masten wie Scheitholz, drückte das Steuerhaus zusammen, peitschte die Taue über Deck und preßte das Schiff unter Wasser. Und als es sich erheben wollte, da war es, als ob eine unsichtbare Macht es festhielt. Die Matrosen standen schon bis an den Knien im Wasser, da rief Justus: ‚Werft das Birkenholz, werft, werft, helft mir!' Er hatte bereits das erste Stück ins Meer geworfen, das zweite, und gerade, als den Matrosen der Mut wiederkam, begann in der Tiefe das Röcheln und Stöhnen wieder. Es hätte nicht viel gefehlt, und den Matrosen wäre davon das Holzwerfen vergangen. ‚Werft, werft', rief Justus, ‚ein Stück nach dem anderen!'

Als die Sturzsee vorüber war und sich alle einen Augenblick besonnen hatten, sahen sie plötzlich, daß sich das Wasser rings um das Schiff blutig färbte, und je länger sie hinsahen, desto größer wurde die rote Lache. ‚Laßt uns versuchen, so schnell wie möglich von hier weg und an Land zu kommen', sprach der Kapitän, ‚hier hat der Teufel seine Hand im Spiel.' – ‚Der Teufel nicht', antwortete Justus, ‚drei Hexen haben ihren Zauber ausgeübt. Sie wollten das Schiff mit Mann und Maus in die Tiefe jagen. Vor allem galt der Zauber Euch, Kapitän, und Euch, Steuerleute, denn die Hexen, die euch das antun wollten, sind eure eigenen Frauen gewesen.'

Die Männer erhoben ein großes Geschrei, was Justus wohl einfiele und ob er sich das überlegt hätte und sich nicht schäme, eine solche Beschuldigung auszusprechen. ‚Wir werden sehen', entgegnete Justus und erzählte alles, was er an jenem Sonntag bei seiner Schiffswache belauscht hatte. – ‚Dann hast du also', rief der Kapitän, ‚mit dem Gegenzauber meine Frau umgebracht.' – ‚Das haben wir gemeinsam getan', antwortete Justus, ‚und wenn wir es nicht getan hätten, dann ginge jetzt das Meer über uns hinweg.'

Als sie nun in den Hafen zurückkamen, aus dem sie zwei Wochen vorher fortgesegelt waren, standen viele Leute an der Mauer, und alle machten betrübte Gesichter. ‚Was ist?' fragte der Kapitän. ‚Was steht ihr da und seht mich so an?' Und die beiden Steuerleute fragten das gleiche. – ‚Eure Frauen sind fort', antwortete ein alter Mann. ‚Wir hatten vor sieben Tagen ein schweres Unwetter. Es hat Bäume geknickt und Häuser abgedeckt, und es sind Leute dabei zu Tode gekommen. Am Morgen dieses Tages habe ich deine Frau und die Frauen der Steuerleute guter Dinge zum Wasser hinuntergehen sehen. Aber plötzlich waren sie verschwunden, und so traurig es ist, keiner von uns hat sie seitdem wiedergesehen.' – Da wußte der Kapitän, daß Justus die Wahrheit gesprochen und ihnen allen das Leben gerettet hatte. –

Ja, so einer war Justus", sagte der alte Daniel, „ich sehe ihn noch ganz deutlich vor mir. Dem konnte keiner so leicht ein X für ein U vormachen, und dann ist er eines Tages doch nicht mehr wiedergekommen von der Reise, und es ist nichts weiter von ihm übriggeblieben als der alte graue Seesack und der Papagei."

# Das Robbenweibchen

Sobald der Herbst die ersten Fröste brachte, wurden beim Großvater die Pelze vom Boden geholt: Mäntel, Jacken, Fußsäcke, Mützen und Muffs. Mir selbst wurden zwei oder drei Winter lang Pelzmütze und Handschuhe aus braunem Ziegenleder zugeteilt, aus denen zwei meiner Geschwister herausgewachsen waren. Ich liebte das glatte Fell sehr, noch mehr aber liebte ich einen Fußsack, der mit Seehundpelz gefüttert war und der mir, wenn ich hineinstieg, bis über den Kopf reichte. Eigentlich gehörte er dem Großvater, aber seit ich an einem eiskalten Weihnachtsfeiertag dringesteckt hatte, um zu meiner eigenen Taufe gefahren zu werden, gehörte er mir.

Eines Nachmittags, an dem niemand Zeit für mich hatte, war ich beleidigt in den Fußsack gekrochen, und als es in der Stube dunkel wurde, darin eingeschlafen. Die alte Berthe stolperte über mich. „Du bist mir ja das reinste Robbenweibchen", sagte sie, als sie mich aus dem Fußsack hervorzog.

Robbenweibchen gefiel mir, obwohl ich nicht wußte, was es war, und die alte Berthe mochte es auch nicht wissen, denn sie sagte, ein Robbenweibchen wäre die Frau von einem Seehund. Und dann ließ sie sich nicht lange bitten und erzählte mir das Märchen, das dazugehörte.

Manche Leute sagen, die Robben sind alle einmal Menschen gewesen, die das Meer zu sich in die Tiefe geholt hat. Denn das Meer wird von Wassermännern und Seejungfrauen beherrscht, und die wollen ihre Unterhaltung haben. Es mag etwas Wahres dran sein, weil die Robben zum Atmen Luft brauchen, wie wir Menschen. Es ist ihnen auch einmal im Jahr gestattet, in einer einzigen Nacht aus ihrer Haut zu schlüpfen, um wieder Mensch zu sein. Nun lebte einmal auf einem Hof, nicht weit von der Küste des Meeres entfernt, ein junger Bauer, dem hatte die alte Wirtschafterin auch davon erzählt. Sie wußte nur die Stelle nicht, wo die Robben in der dreizehnten Nacht eines jeden Jahres an Land kamen, und soviel er auch herumhorchte, niemand konnte es ihm sagen. Der junge Bauer fand keine Ruhe und wollte so lange suchen, bis er den Platz gefunden hatte. Deshalb ging er, sobald die Dämmerung des dreizehnten Tages herankam, an der Küste entlang und lief auch die Nacht hindurch immer weiter. Er übersah keine Bucht und keine Höhle, doch den Treffplatz der Robben fand er nicht. Als aber der neue Tag mit seinem ersten hellen Schimmer heraufkam, hörte er es in seiner Nähe platschen und planschen, als ob sich viele Menschen ins Wasser werfen würden. So schnell er konnte, lief er zu dieser Stelle und sah gerade noch einige Robben untertauchen. Der junge Bauer wartete, bis der neue Tag vollends gekommen war, und er fand die Spuren der Robben im Sand eingedrückt. Es waren aber auch ebenso viele Fußabdrücke im Sand zu sehen. „Nun muß ich noch einmal ein ganzes Jahr warten", sprach er zu sich und meinte, die Zeit nicht ertragen zu können. Er stand wie unter einem Zauber. Die Robben, die Robben. Immer wieder suchte er die Höhle auf und zählte die Wochen, die Tage, bis endlich abermals der dreizehnte Tag des neuen Jahres herankam.

Kaum war der Mittag vorüber, machte er sich auf den Weg. Er fand einen Stein, nicht weit von der Höhle entfernt, hinter dem er sich gut verbergen und doch alles genau beobachten konnte. Als nun die Sonne immer tiefer sank und eine goldene Bahn auf das Wasser setzte, sah der junge Bauer, daß sich vom Horizont her etwas auf das Land zubewegte. Nicht lange, und er konnte die Köpfe der Robben erkennen. Sie glänzten wie Kupfer in der Sonnenbahn und schwammen nun von allen Seiten auf die Höhle zu. Dem jungen Bauern begann das Herz zu klopfen. Was würde geschehen, wenn sie das Ufer erreichten? Jetzt hatten die ersten festen Grund unter sich. Auf ihre Flossen gestützt, krochen sie aus dem Wasser, begannen sich zu recken und zu strecken, die Köpfe zu heben und mit den Flossen zu schlagen, und auf einmal zerriß ihre Haut, Arme und Beine kamen hervor, Köpfe mit Menschengesichtern. Schließlich waren es lauter schöne junge Mädchen, wie sie auf den Höfen im Lande lebten. Diese hier aber nahmen ihre Häute und hingen sie voller Bedacht über die großen Steine, die am Strand lagen. Und immer neue Robbenmädchen tauchten aus dem Wasser, die ihre Häute abstreiften und den anderen nachgingen, und bald war aus der Höhle ein Lachen und Singen zu hören und ein Durcheinander von Rede und Gegenrede, das fröhlich und zufrieden klang.

Als nun die Sonne gerade noch einen roten Streifen über das Wasser zog, kam eine letzte Robbe angeschwommen, eilig, wie es dem jungen Bauern schien. Plätschernd wand sie sich am Ufer hoch, reckte und streckte sich schneller als die anderen, und sowie sie ihre Haut abgestreift hatte, konnte der junge Bauer keinen Blick mehr von dem schönen Mädchen lassen. Es kam wiegend den Strand herauf, sein Haar war silbern und dicht und hüllte es ein wie einen Mantel. Es hielt sich geradewegs auf den Stein zu, hinter dem der junge Bauer steckte. Am liebsten wäre er aufgesprungen, doch er besann sich. Er wußte, daß alles verloren war, wenn ihn das Robbenmädchen entdeckte. Um so genauer paßte er auf, wohin es seine Haut legte. Die alte Wirtschafterin hatte ihm nämlich erzählt, daß jede Robbe, die ihre Haut nicht wiederfindet, ihre menschliche Gestalt behalten muß.

Im nächsten Augenblick tropfte ihm Wasser ins Gesicht, und er sah zwei Hände hin und her fahren. Das Robbenmädchen hatte seine Haut gerade über den Stein gelegt, hinter dem er steckte. Dann mochte sie die Höhle betreten, denn gleich darauf hörte der junge Bauer die anderen rufen: „Sie ist gekommen! – Da ist sie ja! – Heute bist du die letzte."

Nun war der junge Bauer sicher, daß alle in der Höhle waren. Er richtete sich auf, streckte die Hand nach der Haut aus und zog sie vorsichtig zu sich herunter. Er rollte sie zusammen und legte sie zu seinen Füßen. Nicht lange darauf kamen die Mädchen aus der Höhle und fingen zu tanzen an. Sie umarmten einander, sprangen in die Höhe und riefen allerlei Namen über das Wasser. Je länger der junge Bauer zusah, desto stärker wurde sein Verlangen, das Mädchen zu besitzen, das zuletzt gekommen war, denn es war das schönste von allen. Wenn es wahr ist, was die alte Wirtschafterin sagt, dachte er, so will ich es mit nach Hause nehmen, und es soll meine Frau werden.

Als nun der neue Tag heraufkam, wurden die Mädchen müde, und die ersten fingen an, sich nach ihren Häuten umzusehen. Gleich wird es sich zeigen, dachte der junge Bauer und ließ das Robbenmädchen nicht mehr aus den Augen. Am Ufer glitten schon ein paar Robben wieder ins Wasser zurück, und je mehr es wurden, desto unruhiger wurde das Mädchen vor der Höhle. Viele Male war es ganz dicht bei ihm am Stein gewesen und wieder zu den anderen gelaufen. „Meine Haut!" rief es, „Schwestern, meine Haut! Bleibt hier, helft mir suchen!"

Die anderen kümmerten sich nicht darum. Sie rollten sich auf ihren Häuten hin und her, bekamen wieder Flossen und Schwänze, drehten noch einmal die Köpfe zu dem Mädchen zurück und tauchten ins Wasser. Als es nun ganz allein geblieben war, kam der junge Bauer hinter dem Stein hervor. Er trug die Haut unter dem Arm und sprach: „Folge mir, schönes Robbenmädchen, ich will dich mitnehmen und dich zu meiner Frau machen."

Sie aber bat und flehte, er möge ihr die Haut zurückgeben, denn sie wäre nun einmal im Wasser zu Hause, und der Mann, zu dem sie gehöre, liege draußen vor den Klippen und warte auf sie.

„Du wirst ihn vergessen", sprach der junge Bauer, „denn ich werde dich lieber haben als alles andere auf der Welt." Er ging mit ihrer Haut unter dem Arm vom Strand fort, seinem Hof zu. Da mußte sie ihm folgen, ob sie wollte oder nicht. Der junge Bauer war voller Freude darüber, daß sie mit ihm kam, er hielt Wort und nahm sie zur Frau, und jeder, der sie sah, bewunderte ihre Schönheit. Die alte Wirtschafterin aber sprach: „Verschließe ihre Haut in einer Truhe und trage den Schlüssel stets bei dir. Solange sie nicht in ihre Haut zurück kann, wird sie bei dir bleiben. Glückt es ihr aber, die Haut an sich zu bringen, wirst du deine Frau für immer verlieren."

Diesen Rat befolgte der junge Bauer jahraus, jahrein, und er lebte mit seinem Robbenweibchen ein glückliches Leben. Sie bekamen eine Tochter und einen Sohn, und als ihnen abermals ein Sohn geboren wurde, glaubte der junge Bauer nichts anderes, als daß seine Frau ihr früheres Leben für immer vergessen hätte. – So verging die Zeit. Als die alte Wirtschafterin starb, versorgte das Robbenweibchen Haus und Hof auf das beste. Um Vieh und Weiden war es gut bestellt, und wenn der junge Bauer mit den Fischern hinausfuhr, dachte er nicht mehr daran, daß sein Robbenweibchen im Meer zu Hause war.

Eines Tages, als alle dabei waren, das Heu einzubringen, zog ein Gewitter auf. Jetzt war Eile geboten, und sie gabelten das Heu auf den Wagen, so schnell sie konnten und fuhren auf den Hof zurück.

Als nun der junge Bauer den Wagen durch das Scheunentor lenkte, fuhr der erste Blitz nieder, und der Donner rollte hinterher. Darüber erschraken die Pferde. Sie ruckten an, und der Bauer stürzte von dem hohen Fuhrwerk herunter. Sein Robbenweibchen war zuerst bei ihm. Sie kniete sich hin und bettete seinen Kopf in ihren Schoß. Es war ihm aber nichts weiter geschehen, er mußte sich nur eine Weile besinnen.

Noch am selben Abend kamen die Fischer, um zu fragen, ob der junge Bauer am anderen Tage mit ihnen hinausfahren wolle. Das Gewitter hatte nämlich einen Schwarm Dorsche vor die Klippen getrieben. „Warum nicht?" antwortete er, und sie verabredeten, die Boote am anderen Tag in aller Frühe ins Wasser zu setzen. – Als sie nun anderntags die Netze so durch das Wasser zogen und der junge Bauer sich über den Rand des Bootes beugte, kam es ihm vor, als ob ihm etwas fehle.

Aber er wußte nicht, was es war, und deshalb machte er sich weiter keine Gedanken. Plötzlich durchfuhr es ihn: der Truhenschlüssel! Er riß das Hemd auf, griff sich an den Hals, suchte an seiner Brust – der Schlüssel mitsamt dem Lederband war nicht mehr da.

„Wir müssen umkehren", rief er, „sofort, sofort!" – Die anderen, die sein Gesicht sahen, fragten nicht viel, sondern holten die Netze ein und wendeten. Und während sie nach Hause ruderten, daß ihnen der Schweiß ausbrach, flüsterte der junge Bauer ein über das andere Mal: „Mein Robbenweibchen! Der Schlüssel, der Schlüssel, wie hast du ihn an dich gebracht?" Plötzlich wußte er, daß es nur in dem Augenblick geschehen sein konnte, als die Pferde gescheut hatten und er vom Wagen gestürzt war.

Sowie das Boot am Ufer lag, sprang er heraus und lief zum Hof. „Wo ist die Mutter?" rief er seinen Kindern zu, die um den Tisch in der Stube saßen. – „Die Mutter ist zum Meer hinuntergegangen", antwortete die Älteste. – „Hatte sie etwas in den Händen?" fragte er. – „Sie hatte ein Bündel unter dem Arm, und sie hat uns gemahnt, brav zu sein, und sie hat das Feuer mit Asche bedeckt, bevor sie gegangen ist."

Der Bauer stürzte die Treppe hinauf, sah in der Kammer die leere Truhe und wußte, daß er sein Robbenweibchen verloren hatte. Er verließ den Hof, lief zu den Felsen über dem Meer und sah über die Weite des Wassers hin. Und es war ihm, als ob draußen ein Robbenpaar davonschwamm, das immer wieder die Köpfe aneinanderrieb. Sie hat ihr Robbenmännchen wiedergefunden, dachte er, denn wie es heißt, können Robbenpaare ein Leben lang nicht voneinander lassen. Müde, als ginge der Tod neben ihm her, schleppte er sich nach Hause, und als er den Kindern alles erzählt hatte, rückten sie zusammen, und jedes war traurig bis ins Herz hinein.

Solange der Sommer dauerte, gingen die Kinder immer wieder zum Meer hinunter, suchten Muscheln und spielten im Sand, und mehr als einmal hörten sie das Plätschern einer Robbe in ihrer Nähe und sahen einen Kopf aus dem Wasser auftauchen. Da meinten sie nichts anderes, als daß es ihre Mutter gewesen wäre, die ihre Kinder hatte wiedersehen wollen. – Drei Jahre lang schlich der Bauer in jeder dreizehnten Nacht zur Robbenhöhle, aber so viele Robben auch kamen, sein Weibchen war nie dabei. Und so wurde aus dem jungen Bauern ein Mann, der keine rechte Freude mehr am Leben hatte, obwohl seine Kinder ihm alles zuliebe taten.

Eines Tages fuhren die Männer wie in jedem Sommer zum Fischfang hinaus und wollten ein paar Tage fortbleiben. In der Nacht, bevor sie losfuhren, sah der Bauer im Traum sein Robbenweibchen am Bett stehen. „Daß du mir ja keine Robbe tötest“, bat es, dann strich es über seine Hände und war verschwunden. – Am anderen Morgen, als der Bauer erwachte, dachte er: Wie soll ich eine Robbe töten? Wir fahren zum Fischen und nicht zum Robbenschlagen. – Sie fuhren los. Als sie dann aber weit draußen ihre Netze auswarfen und wieder einholten, sahen sie, daß ihnen ein Robbenpärchen hineingegangen war. Der Bauer erschrak. Er erinnerte sich sofort an seinen Traum und rief: „Werft beide ins Meer zurück!“ Und dabei packte er die eine Robbe und ließ sie über den Rand des Bootes ins Wasser gleiten. Die andere Robbe aber hatte einer der Männer getötet, ehe der Bauer es verhindern konnte. Er geriet außer sich darüber, und als er die Robbenhaut für sich haben wollte, gaben die anderen Männer sie ihm.

An diesem Abend setzte er sich nicht zu den Fischern wie sonst. Die ganze Nacht blieb er allein am Ende des Bootes sitzen und horchte über das Wasser. Als es auf Mitternacht zuging, war es ihm, als ob jemand in seiner Nähe weinte und klagte. Er hörte es plätschern und sah eine Robbe auftauchen. Schnell hielt er die Arme über den Bootsrand, sie glitt heran, stülpte die Lippen auf und witterte lange an seinen Händen. Da wußte der Bauer, daß es sein Robbenweibchen war, das wissen wollte, ob seine Hände nach dem Blut des Männchens rochen. Die ganze Nacht wollte das Wehklagen kein Ende nehmen, und je länger es der Bauer hörte, desto stärker wurde in ihm das Verlangen, ins Wasser zu springen und dem Robbenweibchen zu folgen. Als er nun nicht länger widerstehen konnte, sich aufrichtete, um die Stiefel von den Füßen zu streifen, kam der neue Tag am Himmel empor. Sofort hörte das Klagen auf, und der Bauer ließ sich ins Fischerboot zurückfallen.

Am anderen Tag kehrten sie heim. Kaum lagen die Boote am Ufer, da kam dem Bauern seine Tochter entgegen. Sie lachte und weinte, als sie ihn sah, warf die Arme um ihn und bat ihn, niemals wieder mit zum Fischen zu fahren. „Ich habe geträumt", flüsterte sie, „unsere Mutter wollte dich zu sich ins Wasser ziehen. Sie hat geweint und geklagt die ganze Nacht, und ich habe im Traum gesehen, wie du aufgestanden bist im Boot und deine Stiefel ausziehen wolltest. Aber dann ist der neue Tag gekommen, und sie hatte keine Gewalt mehr über dich.“ – Der Bauer strich seiner Tochter über das Haar, und zum erstenmal bemerkte er, daß es so dicht war wie das Haar ihrer Mutter und daß es denselben silbernen Glanz hatte. „Von heute an werde ich auf dem Hof bleiben“, sprach er und hielt Wort. Er freute sich an seinen Kindern und war zufrieden. Als seine Söhne heranwuchsen, hatten sie keine andere Sehnsucht als zur See zu fahren. Er nickte dazu und ließ sie gehen, und als seine Tochter ihm einen freundlichen Mann auf den Hof brachte, war er von Herzen froh darüber. – Der Zufall wollte es, daß die Hochzeit auf den dreizehnten Tag des neuen Jahres festgesetzt wurde. Wie nun die Feier im vollen Gange war, die Tafel aufgehoben, Teller und Schüsseln hinausgetragen und die Tische beiseitegeräumt waren, damit die Musik zum Tanz aufspielen konnte, sah der Bauer, wie leicht sich seine Tochter im Arm ihres Mannes wiegte und wie sehr sie ihrer Mutter glich. Plötzlich überkam ihn die Sehnsucht nach seinem Robbenweibchen so sehr, daß er aufstand und unbemerkt wegging. Er nahm das Fell des Robbenmännchens unter den Arm und schlug den Weg zur Höhle ein.

Die Sonne war längst untergegangen, als er ankam. Er hörte die Robbenmädchen in der Höhle reden und lachen, er sah ihre Häute liegen und näherte sich behutsam dem Stein, hinter dem er damals gesessen hatte, als sein Glück anfing. Im nächsten Augenblick schrak er zusammen – auf dem Stein saß sein Robbenweibchen. „Ich warte schon lange auf dich“, sprach es.

„Jahr für Jahr war ich in dieser Nacht hier." Es nahm ihn bei der Hand und führte ihn zum Strand. Dort saßen sie miteinander die ganze Nacht, und er erzählte von der Hochzeit der Tochter. Als er aber von den Söhnen reden wollte, lächelte sein Robbenweibchen und sprach: „Unsere Söhne sehe ich oft. Ich bin immer dort, wo ihr Schiff fährt." Und je länger die Nacht dauerte, desto näher rückten sie zusammen.

Kurz bevor das Licht des neuen Tages kam, nahm sie die Robbenhaut, die er mitgebracht hatte, legte sie ihm über den Rücken und strich sie glatt. Der Gedanke, sich zu wehren, kam ihm nicht. Als sie sich dann ihre eigene Haut um die Schultern legte, ließ sie ihn nicht aus den Augen, und er spürte, daß sich unter ihren Blicken sein Körper verwandelte. Er hatte keine Kraft, etwas dagegen zu tun. Er sah seinem Robbenweibchen jede Bewegung ab und tat sie ihm nach, und als es auf das Wasser zuging, ging auch er auf das Wasser zu. Als es sich hineingleiten ließ, ließ auch er sich hineingleiten. Seite an Seite schwammen sie weiter ins Meer hinaus, und immer wieder rieben sie ihre Köpfe aneinander.

Erst in dieser Stunde bemerkte die Hochzeitsgesellschaft, daß der Bauer verschwunden war. Wie vor Jahren der Vater, so stürzte jetzt die Tochter die Treppe hinauf, sah die leere Truhe stehen, und im gleichen Augenblick wußte sie, wohin der Vater gegangen war und daß sie ihn nie mehr wiedersehen würde. Als die Braut nun zu weinen anfing, nahm der Bräutigam sie in seine Arme und sprach: „Wenn dein Vater sein Robbenweibchen so lieb hat wie ich dich, dann ist er glücklich, und du solltest nicht traurig darüber sein." Und die schöne junge Braut trocknete sich die Tränen ab und war wieder fröhlich. –

Mir dagegen war gar nicht zum Lachen zumute. Wenn ich daran dachte, daß der Vater oder der Großvater eines Tages fortginge und nie mehr wiederkäme, wollte es mir das Herz brechen. Deshalb kroch ich in die Dunkelheit des Fußsackes zurück, der mit Seehundspelz gefüttert war, und weinte vor mich hin.

# Der kluge Schmied

Tiere gehörten zu meinen Kindertagen so selbstverständlich dazu wie die Geschwister; Hunde und Katzen vor allem, aber auch Hühner und Tauben, um es zu sagen, denn die Großeltern liebten es, auf Tiere einzugehen und hinter ihre Eigenarten zu kommen. – Habe ich schon erzählt, daß in Großvaters Stall drei Pferde standen? Wie es nun ist, wenn sie gefahren und geritten werden, von Zeit zu Zeit mußten sie zum Hufbeschlag in die Schmiede. Weil es nun für den Großvater nur einen einzigen Schmied gab, der davon etwas verstand, fuhr er mit unseren Pferden zu ihm, obwohl es ein weiter Weg war.

Ich bin mit dem Großvater und dem Daniel viele Male gefahren, obwohl es schrecklich lange dauerte, bis die Pferde beschlagen waren. Aber die rußschwarze Schmiede mit dem Feuerherd in der Ecke, dem Griff für den Blasebalg, den der Schmied auf und nieder zog, die Zangen und Hämmer an den Wänden und das Kling-kling-klong auf den Amboß verzauberten mich. Wenn noch ein Pferd vor uns an der Reihe war, blieben wir auf dem Wagen sitzen und warteten. Das eine Mal regnete es wie toll, und ich sehe heute noch die kleinen Bäche über das Spritzleder rinnen, das uns bis über die Knie reichte. Der Daniel hatte das Wagendach so weit wie möglich vorgezogen, und wir drückten uns an die Banklehne, um nicht naß zu werden.

Da sagte der Daniel auf einmal: „So ein Wetter wie heute muß das damals gewesen sein, als der Schmied Armand mit seinen Kindern um das Herdfeuer herumsaß. Jeder von ihnen wollte soviel Wärme wie möglich für sich haben, und alle dachten an das Nachtessen, das doch kaum ein Essen zu nennen war, denn mehr als eine Kelle voll Suppe und ein Stück Brot hatte keiner zu erwarten. Nicht, daß der Schmied ein Faulpelz gewesen wäre, aber seine Kinderschar war groß, und im Lande war Notzeit.

Als sie nun so dasaßen und auf das Brodeln im Suppentopf horchten, klopfte es auf einmal an die Tür. ‚Wer ist da?' rief der Schmied. – ‚Ach, gute Leute, laßt mich ein', kam es von draußen. ‚Ich bin ein alter, bettelarmer Mann.' – ‚Dann passen wir zueinander', rief der Schmied. – ‚Ja, aber ihr habt wenigstens ein Dach über dem Kopf, und daran fehlt es mir.'

Als der Schmied nun aufstand, um die Tür zu öffnen, schimpfte seine Frau. ‚Du mußt doch jedem hergelaufenen Menschen ein Obdach geben, und ohne ein Stück Brot wird er auch nicht in den Schlaf kommen. Muß das sein, Mann? Ich bin jedesmal froh, wenn ich die Kinder wieder satt habe, und du – und du –?' – ,Und ich mache die Tür auf', sprach der Schmied und kam mit einem zerlumpten, vom Regen durchnäßten, uralten Mann zurück, weißhaarig und bärtig anzusehen. Der Schmied führte ihn zum Herd, hieß ihn sich auf die Bank setzen und sprach: ,Nun seht Ihr selbst, bei wem Ihr angeklopft habt.' – ,Ach, was braucht so ein Alter wie ich!?' erwiderte der Mann. ,Wenn ich es warm habe, bin ich's zufrieden.'

Als die Suppe fertig war, füllte die Frau auch dem alten Mann eine Kelle voll in die Schüssel und legte ein Stück Brot daneben, und nachdem sie ein wenig über Woher und Wohin geredet hatten und daß die Ernte schlecht und die Teuerung groß sei, legte sich der Alte neben den Herd zum Schlafen nieder. Der Schmied bat die Kinder still zu sein, damit er seine Ruhe hätte.

Am anderen Morgen stand der Alte auf, kaum daß der Tag zum Fenster hereinsah, nahm seinen Stock und wandte sich zum Gehen. Als er nun so unter der Tür stand, drehte er sich dem Schmied zu und sprach: ,Du hast mich aufgenommen, Schmied Armand, obwohl du mit den Deinen ein karges Leben führen mußt. Bevor ich gestern bei dir angeklopft habe, stand ich an der Tür eines wohlhabenden Mannes. Der hatte weder Mitleid mit meinem Alter noch mit meinem Hunger. Du aber sollst nun wissen, wen du beherbergt hast. Ich bin der liebe Gott, und ich will dir drei Wünsche erfüllen.'

Das konnte der Schmied so schnell nicht fassen. Er antwortete: ,Ich muß sagen, das kommt mir alles sehr über den Hals. Deshalb laßt mich

einen Augenblick überlegen.‘
Seine Frau aber flüsterte: ‚Wünsch dir Geld, Mann, Geld, damit wir es mit unseren Kindern endlich ein bißchen besser haben.‘ – Der Schmied aber hörte nicht auf sie. Er wandte sich an den lieben Gott und sprach: ‚Ich habe hier so einen alten Schemel stehen, und nun wünsche ich mir als erstes, daß jeder, der sich darauf setzt, erst wieder aufstehen kann, wenn ich es ihm erlaube.‘
Der liebe Gott nickte freundlich, aber die Frau des Schmiedes fuhr hoch: ‚Mann, bist du verrückt geworden? Wir sind so arm, daß uns nicht mal ein Hund anbellt, und du – und du?‘ – ‚Der liebe Gott hat allein mich gefragt‘, erwiderte der Schmied und dachte schon über den zweiten Wunsch nach. – ‚Vor meiner Tür draußen‘, sprach er schließlich, ‚steht ein großer Apfelbaum, der trägt die besten Äpfel weit und breit. Aber jedes Jahr werden sie mir gestohlen, ich kann noch so sehr auf der Lauer liegen. Deshalb wünsche ich mir zum zweiten, daß jeder, der auf den Baum steigt, nur mit meiner Erlaubnis wieder herunterkommt.‘
‚Mann, Mann‘, rief die Frau, ‚du hast den Verstand verloren! Willst du unser Glück vorbeigehen lassen? Mit ein wenig Reichtum hätten wir es doch so gut in dieser Welt.‘ – ‚Bin ich gefragt worden oder du?‘ antwortete der Schmied. Er zog seine alte lederne Geldbörse aus der Tasche, hielt sie dem lieben Gott hin und sprach: ‚Zum dritten wünsche ich mir, daß nichts, was einmal hier hineingeht, ohne meine Erlaubnis die Börse verlassen darf.‘ –
Da nickte der liebe Gott und ging aus dem Hause.
Für den Schmied brach eine schlimme Zeit an, denn die Frau ließ keinen Tag vergehen,

an dem sie ihm nicht die bittersten Vorwürfe machte, weil sie noch immer so arm und elend waren. Bald hielt der Schmied es nicht mehr aus. Er ging in seine Werkstatt, sobald der Tag kam, blies mit dem Blasebalg das Feuer an und hämmerte allerlei Gerät zusammen.

Eines Abends, er hatte gerade ein Hufeisen zum letztenmal aus der Glut gezogen, trat plötzlich ein Unbekannter durch das Schmiedetor. Der Schmied hieß ihn willkommen und fragte, was ihn hergeführt habe. – ‚Nun', antwortete der Unbekannte, ‚ich war zu Besuch in der Nachbarschaft und hörte, daß du vor ein paar Tagen einen Gast bei dir beherbergt hast.' – ‚Wenn du den Alten meinst', sprach der Schmied, ‚der eines Abends an meine Tür geklopft hat, dann bist du nicht belogen worden.'

Der Unbekannte trat einen Schritt näher an den Schmied heran. ‚Was hat er denn dafür gegeben, daß du ihn aufgenommen hast?' fragte er. – Der Schmied betrachtete den Unbekannten. Es war etwas an ihm, das ihm nicht gefiel. Deshalb antwortete er: ‚Nichts hat er mir gegeben, und ich habe auch nichts verlangt.' – ‚Nichts?' Der Unbekannte kreuzte die Arme über der Brust und lächelte, und erst jetzt fiel dem Schmied auf, daß er pechschwarze Haare und einen Spitzbart hatte. ‚Nichts ist wahrhaftig wenig', sprach er. ‚Da habe ich dir freilich ein anderes Angebot zu machen. Ich bin, wenn ich mich vorstellen darf, nämlich der Teufel', er verbeugte sich, ‚und ich biete dir Geld und Reichtum, soviel du willst.'

‚Du bist der Teufel. Ich habe mir so etwas gedacht, und dein Angebot ist nicht von der Hand zu weisen. Nur, was erwartest du von mir dafür?'

‚Dich selbst', antwortete der Teufel, ‚unter dem kann ich es leider nicht machen. Aber tröste dich – in zehn Jahren erst. Zehn Jahre lang sollst du ein Leben haben, wie es dir gefällt.' – ‚Gut', sprach der Schmied, ‚zehn Jahre sind zehn Jahre.' – Der Teufel hielt dem Schmied die Hand hin. ‚Wünsche dir Geld und Reichtum, sobald ich verschwunden bin.' Der Schmied schlug ein, und ehe er sich's versah, war er allein.

Jetzt erst begriff der Schmied, worauf er sich eingelassen hatte. Zehn Jahre noch, dann würde ihn der Teufel holen. So wollte er die zehn Jahre nützen. ‚Goldstücke, Silbertaler', rief er, ‚und beide Taschen voll davon!' Im gleichen Augenblick merkte er, wie seine Hosentaschen schwer wurden. Er griff hinein – und wahrhaftig, in der einen waren Goldstücke, in der anderen Silbertaler. Er legte sie auf den Amboß. ‚Goldstücke, Silbertaler!' rief er schon wieder, und er spürte die schweren Taschen in seiner Hose. ‚Goldstücke, Silbertaler!'

Nach dem dritten Mal rief er seine Frau. Sie schrie wie am Spieß, als sie das viele Geld sah, und rannte in der Schmiede umher. ‚Kinder', schrie sie, ‚kommt, wir sind reich! Reich sind wir, kommt, Kinder, kommt!' – Das wurde ein Leben in Saus und Braus. Ein Fest folgte dem anderen. Verwandte, die sich nie hatten sehen lassen, gingen ein und aus, und der Schmied ließ sich an keinem einzigen Tag der zehn Jahre lumpen.

Als nun das Ende der Frist näherrückte, wurden Frau und Kinder still und traurig. Der Schmied jedoch lebte in aller Freude in den Tag hinein. Schließlich aber, als er einmal durch seine Schmiede ging, stand plötzlich der Schwarze mit dem Spitzbart vor ihm. – ‚Da wäre ich nun, lieber Freund', sprach er, ‚die zehn Jahre sind um. Du hast gelebt, wie ich es dir versprochen hatte, jetzt ist es an dir, dein Wort einzulösen.'

‚Mein Gott!' rief der Schmied. ‚An dich habe ich überhaupt nicht mehr gedacht. Verflixt und zugenäht, das ist eine böse Sache! Ich bin ja mitten in meinen Geschäften drin. Aber ein Wort ist das andere wert. Selbstverständlich werde ich mit dir gehen. Auf einen Augenblick aber kommt es dir sicher nicht an. Deshalb bitte ich dich, geh mit mir hinüber ins Haus, dort will ich meine Angelegenheiten regeln.' – Der Teufel nickte und folgte dem Schmied. Im Haus zog der Schmied einen Schemel unter dem Tisch hervor. ‚Bitte', sprach er, ‚setz dich, damit ich Ruhe zu meinen Geschäften habe.'

Der Teufel nahm Platz, und der Schmied schrieb und schrieb und blätterte in einem Buch nach dem anderen. Da wurde der Teufel ungeduldig. ‚Mein Freund', rief er, ‚nun ist es genug. Die Zeit ist um, laß uns gehen.‘ Er wollte aufstehen, aber er kam nicht von dem Schemel los. ‚Sag mir, was das heißen soll?‘ rief er dem Schmied zu. – ‚Das heißt nichts anderes, als daß ich dir helfen muß, von dem Schemel loszukommen‘, antwortete der Schmied, und damit griff er nach einem Knotenstock und hieb auf den Teufel ein, daß dem Schwarzen Hören und Sehen verging. – ‚Hör auf!‘ rief der Teufel. ‚Hör auf! Was forderst du von mir, damit ich von diesem Schemel loskomme?‘ – ‚Zehn Jahre‘, sprach der Schmied, ‚zehn ganze, volle Jahre. Die verflossenen, weißt du, waren gar zu schön.‘ – ‚Es sei!‘ rief der Teufel. ‚Auf den Tag in zehn Jahren werde ich wieder hier im Hause sein.‘

Nun lebte der Schmied mit den Seinen noch einmal zehn glückliche Jahre, in denen ein Fest das andere trieb und das Schmausen und Trinken kein Ende nehmen wollte. Niemand sonst als er selber dachte daran, als das Ende der zehn Jahre näher und näher rückte. Eines Abends nun, als der Mond voll und rot am Himmel heraufzog und der Schmied mit den Seinen von einem Fest im Nachbardorf heimkehrte, fühlte er, wie ihn jemand am Ärmel zog. ‚Nachher, vor dem Haus‘, flüsterte der Schmied, und der Spitzbärtige nickte. – Als Frau und Kinder zur Ruhe gegangen waren, ging der Schmied vor die Tür und sprach: ‚Du weißt nicht, wie schön das Leben ist, wenn Glück und Freude Hand in Hand miteinander gehen, deshalb...‘ – ‚Deshalb habe ich diesmal meine Freunde mitgebracht‘, rief der Teufel, und der Schmied sah mit Entsetzen die vielen großen und kleinen Teufel herbeikommen, die ihn in Empfang nehmen sollten. ‚Ich denke‘, fuhr der Teufel fort, ‚du wirst dir wieder

einen Schabernack ausgedacht haben.'
‚Es ist kein Schabernack', erwiderte der Schmied, ‚wenn man seine Geschäfte für die Familie in Ordnung bringen will. Das nimmt nun einmal seine Zeit in Anspruch. Sollte es dir und deinen Freunden inzwischen langweilig werden, bevor ich alle Zahlen zusammengerechnet habe, rate ich euch, auf den Apfelbaum vor meinem Haus zu steigen. Er trägt die besten Äpfel weit und breit. Gerade sind sie reif, und eine bessere Gelegenheit, sich die Zeit zu vertreiben, gibt es nicht.'

Der Teufel wollte sich auf den Handel nicht einlassen, aber die kleinen Teufel riefen: ‚Äpfel haben wir schon lange nicht mehr gegessen!' Und ehe es sich der Teufel versah, saßen sie oben im Apfelbaum. Der Teufel hörte sie schmatzen und knacken, und er rief: ‚Werft mir einen einzigen Apfel herunter!' – ‚Das fehlte noch', riefen die anderen. ‚Der Schmied, auf den du wartest, kommt noch lange nicht. Also hole dir deine Äpfel selber.'

Kaum saß der Teufel auf dem Apfelbaum, erfüllte sich der Schmied den zweiten Wunsch, den ihm der liebe Gott freigegeben hatte. Er nahm eine Eisengabel, machte sie im Schmiedefeuer rotglühend und ging damit auf den Apfelbaum zu. Der Teufel, der die ganze Zeit Schlimmes geahnt hatte, sah ihn kommen. Er wollte mit einem einzigen Sprung vom Baum herunter, aber er konnte die Äste nicht loslassen und die Füße nicht von der Stelle rühren. Da bekam er es mit der Angst zu tun und schrie aus Leibeskräften, je näher der Schmied heranrückte. Bevor es die kleinen Teufel bemerkten, stocherte der Schmied mit seiner Gabel in den Zweigen herum. Da kreischten und jammerten sie, daß es von allen Seiten widerhallte.

Der Teufel aber brüllte: ‚Was willst du von mir, Schmied Armand, damit du mich und die Meinen unbehelligt von diesem Baum herunterläßt?'

‚Gib mir noch einmal zehn Jahre, aber mit den gleichen Freuden wie bisher', entgegnete der Schmied. – ‚Es sei!' brüllte der Teufel, ‚verflucht, es sei!' – Der Schmied lachte und rief: ‚Herunter vom Baum, ihr Teufelspack! Seht, daß ihr fortkommt, sonst macht euch meine Gabel Beine!' Zehn Jahre! Das war ein Wort, und der Schmied lebte die zehn Jahre in Saus und Braus mit den Seinen vom ersten bis zum letzten Tag. Diesem letzten Tag aber sah er guten Mutes entgegen, denn es war ihm noch der dritte Wunsch geblieben, den ihm der liebe Gott gewährt hatte. – Als er nun an dem einen Abend mit seinen Freunden beim Würfelspiel saß und seine Frau bereits die dritte Kanne voll Wein auf den Tisch gestellt hatte, schüttelte der Schmied den ledernen Becher, daß die Würfel rasselten, und stülpte ihn lachend auf den Tisch. ‚Dreimal die Sechs', rief er, ‚was gilt die Wette?'

Da fuhr ihm plötzlich eine Hand über die Schulter und blieb auf dem Würfelbecher liegen. ‚Was gilt die Wette, daß du mir diesmal nicht entkommst?' hörte der Schmied jemand sagen und wußte im Augenblick, wer hinter ihm stand. Er ließ sich nicht anmerken, wie erschrocken er war. ‚Ja', antwortete er, ‚diesmal werde ich wohl mit dir gehen müssen. Aber du gestattest sicher, daß ich zuvor meine Spielschulden begleiche. So lange, Gevatter, hast du gewiß Zeit.'

Die Männer, mit denen der Schmied gewürfelt hatte, machten entsetzte Gesichter. Der Schmied aber zog in aller Ruhe seine alte lederne Geldbörse aus der Tasche, und während er darin herumkramte, sprach er: ‚Gar so weit her ist es also doch nicht mit deiner Kunst, wie die Leute immer erzählen.' – ‚Wie meinst du das?' fragte der Teufel. – ‚Nun, daß du genauso vielerlei Gestalt annehmen kannst wie der liebe Gott. Zu mir bist du immer nur in ein und derselben Gestalt gekommen – als Teufel.‘

Da fing der Teufel lauthals zu lachen an, und weil er die Zweifel an seiner Macht nicht auf sich sitzen lassen wollte, rief er in die Runde: ‚So sag mir, Schmied Armand, in welcher Gestalt du mich sehen willst?‘ – Der Schmied tat, als müßte er erst überlegen, schließlich hielt er die alte Geldbörse auf und sprach: ‚Wenn du dich wahrhaftig verwandeln kannst, dann springe hier hinein als kleines graues Mäuslein.‘

Im nächsten Augenblick war der Teufel verschwunden, und in der Geldbörse saß eine Maus. Der Schmied aber zog die Schnüre am oberen Ende so flink zusammen, wie er konnte. Dann rannte er mit der Geldbörse in die Schmiede, legte sie auf den Amboß, langte sich den schwersten Hammer von der Wand und schlug auf den ledernen Beutel ein. Der Teufel schrie, daß es im ganzen Haus und die Straße hinauf und hinunter zu hören war. ‚Was verlangst du, Schmied Armand, was verlangst du?‘ rief er, als der Schmied eine Pause machte.

‚Daß – du – dich – niemals – mehr – bei – mir – blicken – läßt!‘ antwortete der Schmied, und bei jedem Wort schlug er von neuem zu. – ‚Ich verspreche es‘, brüllte der Teufel, ‚verflucht, ich verspreche es, wenn du mich nur freigibst.‘ – Der Schmied Armand knotete die Geldbörse auf. Mit einem einzigen Satz fuhr die Maus hervor, und damit verschwand der Teufel für immer aus der Schmiede.“

Aus unserer Schmiede, vor der wir mit dem Wagen standen, wurde in diesem Augenblick ein Pferd herausgeführt. „Na, dann wollen wir unsere beiden ausspannen“, sagte der Großvater zu Daniel. Er schlug das Spritzleder zurück, und wir stiegen vom Wagen.

# Der fröhliche Pfeifer

Sooft ich an den Großvater denke, sooft sehe ich ihn bei seinem Holzvorrat stehen, den er sich jedes Jahr zusammenkaufte. Dazu war ihm kein Weg zu weit, und viele Male rollte der Wagen vom Hof, bevor es in der Frühe hell geworden war, und mit ihm rollten der Großvater und der Daniel davon. Sobald das Holz dann bei uns im Hof lag, wurde es notwendig, den Walde-Willem zu bestellen, der dann kam und es sägte und hackte.

Der Walde-Willem mit seinem buschigen Bart im Altvatergesicht sah aus wie der Rübezahl auf dem Bild über meinem Bett. Der Großmutter graute immer vor der Zeit, wenn er bei uns im Haus war. Der Großvater aber, der ein Herz für alle Leute hatte, die nicht über einen Leisten geschlagen waren, freute sich auf ihn. Mir selbst ist vor allem seine Kamm-Musik in Erinnerung geblieben. Wenn er am Sägebock oder am Hauklotz Feierabend machte, holte er oft einen Kamm hervor, legte ein Stück Pergamentpapier drüber und fing zu spielen an. Und obwohl er nur für sich selber spielte, freute es ihn, wenn ihm jemand zuhörte, wir Kinder, der Daniel oder die Berthe. Sobald aber gar der Großvater kam, strahlte er über das ganze Gesicht. – Ihm und seiner Kamm-Musik verdanke ich es, daß mir der Großvater eines Tages das Märchen vom fröhlichen Pfeifer erzählte.

Vor langer Zeit lebte einmal ein Mann, der hatte, wie es heißt, zur Arbeit zwei linke Hände. Dazu war er etwas wirr im Kopf und deshalb zu nichts Ordentlichem zu gebrauchen. Trotzdem mochten ihn die Leute gut leiden, denn er nahm niemand einen Spaß übel und war selbst immer zu einem Spaß aufgelegt. Er hieß John, seine alte Mutter nannte ihn liebevoll Johnjo, und er verstand es, wunderschön auf dem Dudelsack zu blasen. Über eine einzige Melodie kam er freilich mit seiner Kunst nicht hinaus, doch es war die Melodie zu einem Lied, das hundert Strophen hatte, und es hieß: Der schwarze Jack. – John wurde nie verlegen, wenn einer ihn bat, ein anderes Lied zu spielen. Stets antwortete er: „Nachher, nachher, ich bin doch erst bei der siebenunddreißigsten Strophe.“ – Nun wurde in der Gegend, in der John, der Pfeifer, daheim war, das Allerheiligenfest in jedem Jahr mächtig gefeiert, am Morgen in Kirchen und Kapellen, am Abend in Sälen und Gasthäusern. Daß nun John, der Pfeifer, auch zur Stelle war, versteht sich von selbst, und natürlich spielte er den ‚Schwarzen Jack‘ auf, bis den Leuten davon die Ohren dröhnten.

Immer nach jeder zehnten Strophe schenkten ihm die Wirtsleute einen Schnaps und die Gäste einen Penny, und John war es zufrieden. Nun hatte ihm seine Mutter aufgetragen, nicht nach Mitternacht heimzukommen, und er machte sich, als es auf die zwölfte Nachtstunde zuging, mit seinem Dudelsack auf den Nachhauseweg. Er pfiff das Lied vom Schwarzen Jack vor sich hin und hüpfte dazu den Weg entlang, denn der Schnaps war ihm nicht nur in den Kopf gestiegen, er mochte ihm auch in die Beine gefahren sein.

Auf diese Weise gelangte er schnell zu der kleinen Brükke, die zum Haus seiner Mutter hinüberführte, und weil er meinte, die Mutter würde noch wach sein, wollte er ihr eine Freude machen und den Schwarzen Jack aufspielen.

Plötzlich wurde er aber an den Schultern gepackt, in die Knie gestoßen und lag im nächsten Augenblick jemandem auf dem Rücken. Der Pfeifer suchte nach einem Halt, langte über sich und hatte plötzlich zwei Hörner in den Händen. Ob er wollte oder nicht, er mußte sich daran festhalten, doch er schrie, so laut er konnte: „Laß mich los, laß mich los, alter Ziegenbock. Ich will heim, meine Mutter wartet."

„Soll sie warten!" bekam er zur Antwort, „das kümmert mich nicht." – „Oh!" rief der Pfeifer, „du bist gar kein Ziegenbock? Aber was bist du für einer, wenn du Hörner hast und reden kannst wie ein Mensch?" – „Darum kümmere dich nicht. Halte dich fest, damit wir vorankommen." – „Und wohin soll die Reise gehen?" – „Das wirst du sehen, wenn wir angekommen sind." Und der, auf dessen Rücken der Pfeifer lag, rannte über Stock und Stein. – „Wie weit ist es denn noch?" fragte der Pfeifer nach einer Weile. „Lange halte ich es nicht mehr aus, ich bin doch kein Mehlsack." – „Nun gut", antwortete der andere, „machen wir eine Pause." Er ließ den Pfeifer von seinem Rücken fallen und sprach: „Jetzt spiel das Lied von den drei alten Weibern." – „Bedaure", antwortete der Pfeifer, „das kann ich nicht. Aber vom Schwarzen Jack spiele ich dir, wenn's sein muß, alle hundert Strophen." – „Zieh Luft ein", sprach der andere ungeduldig, „und spiel auf dem Dudelsack, was ich dir gesagt habe." Und der Pfeifer spielte tatsächlich das Lied von den drei alten Weibern. Danach sprach er: „Wie habe ich es nur so schnell lernen können? Für den Schwarzen Jack habe ich sieben Jahre gebraucht." Da lachte der andere

und antwortete: „Bedenke
damals hast du auch keinen Puka zum Lehrmeister gehabt.“ Und weil in diesem Augenblick der Mond hinter einer Wolke hervorkam, sah der erschrockene Pfeifer die Bocksfüße des Kobolds.

„Komm jetzt“, sprach der Puka, „wir werden erwartet.“ Er nahm sich den Pfeifer wieder auf den Rücken und sprang mit ihm davon. Und weil der Pfeifer jetzt ritt, konnte er sehen, daß ihn der Puka über Berge und Moore trug, daß er mit ihm über Felsen und Seen sprang. Schließlich setzte der Puka den Pfeifer auf einem Berg nieder. „Wenn es keine Umstände macht“, sprach der Pfeifer, „sage mir, wo wir uns befinden.“ – „Wir sind gerade auf Patricks Berg angekommen“, bekam er zur Antwort. – „Auf Patricks Berg?“ rief der Pfeifer. „Das ist wunderbar. Mein lieber Puka, du hast mir einen weiten Weg abgenommen. Und weißt du warum? Kurz vor dem vorigen Martinsfest habe ich unserem Herrn Pfarrer eine Gans gestohlen, weil meine Mutter und ich zu Ehren des Heiligen Martin auch ein Gänslein in der Pfanne haben wollten. Doch dann habe ich die Gans wieder laufen lassen, weil sie mich so traurig angesehen hat, als ich sie schlachten wollte. Nun denke nicht, lieber Puka, sie wäre in Pfarrers Gänsestall zurückgekehrt. O nein, sie ist auf und davon geflogen. Aber das wollte mir unser Herr Pfarrer nicht glauben, und er hat mir als Buße eine Wallfahrt zu Patricks Berg auferlegt. Und deshalb hast du mir einen weiten Weg abgenommen.“

„Soso“, antwortete der Puka und stampfte dreimal mit seinem Fuß auf. Da öffnete sich eine Tür im Berg, und der Puka betrat mit dem Pfeifer einen Saal. Der sah aus, als ob er silberne Wände hätte. In der Mitte stand ein großer Tisch, ganz aus Gold, und um ihn herum saßen lauter alte Weiber. Die hatten Gesichter, als ob sie gebraten worden wären, und statt der Haare hatten sie Federn auf ihren Köpfen. Der Pfeifer wußte nicht, wohin er sehen sollte, denn eine war immer häßlicher als die andere, und als sie jetzt aufsprangen, um dem Puka zuzuwinken, wäre er am liebsten in seinen Dudelsack gekrochen.

„Wen bringst du uns mit, lieber Puka?“ rief die eine. – „Den allerbesten Dudelsackpfeifer, der im Land aufzutreiben war“, antwortete der Puka. – Jetzt klatschte die Alte, die oben am Tisch saß, in die Hände, und gleich darauf teilte sich die silberne Wand hinter ihr, und herein kam eine weiße Gans. Sie nickte dem Pfeifer freundlich zu, und er ahnte sogleich, daß es die Gans war, die er dem Pfarrer gestohlen hatte.

„Johnjo, wie dich deine Mutter nennt“, sprach sie, „ich freue mich über unser Wiedersehen.“ Dann flatterte sie mitten auf den Tisch und rief: „Puka, wenn du den besten Dudelsackpfeifer mitgebracht hast, dann soll er jetzt spielen, damit die edlen Damen tanzen können.“ – Darauf sprach der Puka: „Pfeifer, zieh Luft ein!“ – Und ob er wollte oder nicht, der Pfeifer mußte seinen Dudelsack nehmen und zu spielen anfangen. Sogleich erhoben sich die alten Weiber und begannen zu tanzen.

Der Pfeifer wunderte sich, wie flink und behende sie waren. Am meisten aber wunderte er sich, wie gut er spielen konnte. Das war nicht das Lied vom Schwarzen Jack oder von den drei alten Weibern, das waren Melodien, die er selbst noch niemals gehört hatte.

Sie gingen ihm durch den Sinn, und er blies sie sogleich in seinen Dudelsack. Die Gans auf dem Tisch schlug mit den Flügeln den Takt dazu, und der Pfeifer spielte, bis die alten Weiber erschöpft auf ihre Stühle sanken.

Als sie eine Weile ausgeruht hatten, sprach der Puka: „Nun habt ihr ein Fest gehabt, wie ihr es wolltet. Es schickt sich, dem Pfeifer seinen Lohn zu zahlen.“ – Im nächsten Augenblick zog jede der Alten ein Goldstück hervor und gab es dem Pfeifer. Der wollte seinen Augen nicht trauen. Da spielte er ihnen in seiner Freude noch drei Strophen vom Schwarzen Jack. Dann aber rief der Puka: „Pfeifer, wir müssen gehen, wenn ich dich noch rechtzeitig heimbringen soll.“ Und der Pfeifer verbeugte sich vor den alten Weibern und ging hinter dem Puka hinaus. Draußen stieg er ihm auf den Rücken, und gerade als sie fort wollten, kam die weiße Gans gelaufen, reichte dem Pfeifer einen Dudelsack und sprach: „Damit spiel dem Pfarrer eins auf.“

Der Pfeifer nickte, und der Ritt begann. Er kam dem Pfeifer wie zwei Windstöße vor, und ehe er sich's versah, hielt der Puka auf der Brücke an, die zum Haus der Mutter hinaufführte, und ließ ihn von seinem Rücken gleiten. „So“, sprach er, „von dieser Nacht an wirst du zweierlei besitzen: deine Musik und einen klaren Verstand. Leb wohl, und geh heim, Pfeifer John.“

Einen Augenblick später war der Puka verschwunden, und dem Pfeifer pfiff der Nachtwind um den Kopf. Flink ging er über die Brücke und klopfte an die Haustür. „Mutter“, rief er leise, „Mutter, mach auf! Ich hab' dir viel zu erzählen. In dieser Nacht bin ich...“

„Betrunken bist du“,

unterbrach ihn die Mutter, als sie ihm die Tür öffnete. „Warum kommst du erst jetzt?“ – „Weil ich weit fort gewesen bin, Mutter, mit einem Puka. Sieh nur, ich habe die Taschen voller Goldstücke. Und hier, ich habe auch einen neuen Dudelsack zu meinem alten.“

Da mußte die Mutter ihm glauben, ob sie wollte oder nicht, und ließ sich alles von ihm erzählen. Sie schlug immer wieder die Hände über dem Kopf zusammen. Bis auf Patricks Berg sollte ihr Junge gewesen sein und lauter alten Weibern zum Tanz aufgespielt haben. – „Die Goldstücke“, entschied die Mutter, „lassen wir niemand sehen, denn nichts kann ihnen gefährlicher werden als Mißgunst und Neid. Hol den Korb für das Ziegenheu aus dem Stall, Johnjo, mein Junge.“ Dort hinein legte sie die Goldstücke und schob den Korb unter das Bett. „Blas du nur tüchtig auf deinem Dudelsack und spiel den Leuten alle die Stücke auf, die du in der vergangenen Nacht gelernt hast. Und nun laß mich einmal den neuen Dudelsack hören.“ Also zog John Luft ein und blies in den Sack, den ihm die entkommene Gans geschenkt hatte. Im nächsten Augenblick erfüllte ein furchtbares Gänsegekreisch das Haus, ein solches Gezisch, Gezeter und Geschrei, daß die Mutter des Pfeifers nicht wußte, wie fest sie ihre Hände auf die Ohren drücken sollte. Der Pfeifer selber ließ vor Schreck den Dudelsack fallen, doch der Dudelsack schrie auch ohne ihn weiter, bis er vollends alle Luft aus sich herausgekreischt hatte.

Wie weit es in der Stille zu hören gewesen war, merkten sie schnell. Auf einmal drückten sich nämlich die Nachbarn an den Fenstern die Nasen platt.

Andere klopften an die Tür und wollten wissen, was der Krach zu bedeuten hätte. Es dauerte nicht lange, da drängte das ganze Dorf in das Haus hinein, und der Pfeifer mußte seine Erlebnisse zum besten geben. Aber von den Goldstücken erzählte er nichts, wie es die Mutter geraten hatte.

„Die weiße Gans, von der du berichtet hast", sprach ein besonders Kluger, „die hat dich mit dem Dudelsack ganz schön reingelegt." – Darüber ärgerte sich der Pfeifer, und das hatte er in seinem Leben noch nie getan. „Es muß sich erst herausstellen", sprach er, denn in diesem Augenblick war ihm eingefallen, daß er in Patricks Berg mit dem alten Dudelsack gespielt hatte. Flink nahm er ihn über die Schulter, zog Luft ein und fing zu pfeifen an.

Was den Leuten nun in die Ohren kam, machte sie still und andächtig, so schön hörte es sich an. Allen stand der Sinn nach Freude und Fröhlichkeit, und ein jeder dachte: Das soll der närrische John sein, der uns gestern am Allerheiligenfest nichts anderes aufgespielt hat als die Strophen vom Schwarzen Jack? Johns Mutter liefen die Tränen über das Gesicht, und als der Pfeifer das sah, ging er zu den lustigen Melodien über. Nicht lange, da drehten sich die Leute im Kreis, stampften und lachten, klatschten und sangen.

Plötzlich kam der Pfarrer zur Tür herein. John blies seine Melodie zu Ende und rief: „Gott zum Gruß, Herr Pfarrer!" – „Darf man erfahren", fragte der Pfarrer, „was in der Frühe dieses Tages mit euch allen geschehen ist?" – „Nichts weiter, nichts weiter, als daß ich heute Nacht ein paar neue Lieder gelernt habe. Und wißt Ihr wo? In Patricks Berg. Und wißt Ihr, von

wem? Von der weißen Gans, die ich Euch aus dem Stall geholt und danach habe laufen lassen.“
„Tischst du mir diese Lügengeschichte wahrhaftig noch einmal auf?“ fragte der Pfarrer. – „Aber es ist die Wahrheit“, antwortete John. „Habt Ihr nicht selber gehört, wie gut ich spielen kann? Doch ich habe noch einen anderen Beweis, daß ich in Patricks Berg gewesen bin.“ Damit nahm der Pfeifer den neuen

Dudelsack zur Hand. „Die weiße Gans hat ihn mir gegeben“, sprach er, „und ich soll Euch eins aufspielen damit.“

Als John in den Dudelsack blies, hob das Gänsegeschrei und Gekreisch noch einmal an. Mittendrin aber war etwas zu vernehmen, das hörte sich an wie „Martini, Martini, Martini“, und danach ging es „Martinsgans, Martinsgans, Martinsgans“. – „Hör auf zu spielen!“ rief der Pfarrer. – Der Pfeifer setzte den Dudelsack ab, aber auch diesmal hörte der Lärm erst auf, als dem Dudelsack endlich die Luft ausging.

Als sich die Leute nun wieder verlaufen hatten, sprach der Pfeifer: „Mutter, mir ist da gerade ein Gedanke gekommen. Sollten die alten Weiber im Berg vielleicht einmal Martinsgänse gewesen sein?“ – Da erschrak die Mutter, nahm John den neuen Dudelsack weg und schob ihn unter das Bett zu dem Korb mit den Goldstücken. John, der Pfeifer, aber zog von nun an durch das ganze Land, und wo immer er spielte, kamen die Leute von weit und breit zusammen, um ihm zuzuhören. Es ging ihm gut mit seiner Musik, auch wenn er kein reicher Mann davon wurde. Seine Mutter war stolz auf ihn, und als sie eines Tages den Heukorb unter dem Bett hervorzog, in den sie die Goldstücke gelegt hatte, fand sie darin nichts weiter als dürre, raschelnde Blätter. Sie sagte ihrem Sohn kein Wort davon, denn der Pfeifer war froh und zufrieden mit seiner Musik und sollte es bleiben. –

„Siehst du“, sagte der Großvater zu mir, „so ist das, wenn einem etwas richtig Freude macht. Mag unser Kammbläser draußen auf dem Hackklotz auch kein John sein, über seine Musik freut er sich bestimmt ebenso.“

# Die wunderbare Flöte

Wer von beiden musikalischer war, der Großvater oder die Großmutter, das weiß ich nicht. Von der Großmutter habe ich nach einem alten, schönen Liederbuch viele Lieder gelernt, die ich heute noch singe. Der Großvater hörte uns gerne zu, aber er wollte noch einen Schritt weitergehen und Musik im Haus haben, und dafür sollten wir zahlreichen Enkelkinder sorgen. Es mußte nur überlegt werden, für welches Instrument sich jeder von uns eignete, und dazu bestellte der Großvater einen Musiklehrer ins Haus.

Meine Schwester, der Musikunterricht und Lehrer gestohlen bleiben konnten, weil sie viel lieber auf dem kleinen Schimmel saß, sagte im letzten Augenblick, für sie käme nur eine Flöte in Frage und sonst nichts. Sie wußte genau, daß die Großmutter Flötentöne nicht ausstehen konnte, und es kam zu einem großen Krach. Der hagere Daniel zog sich mit mir sogleich in den Holzschuppen zurück, und während er von einem Scheit kleine Späne zum Anfeuern spaltete, sagte er: „Das wäre nicht der erste Krach, den es wegen einer Flöte gibt." Ich sah ihn an und brauchte nicht lange zu bitten.

„Dort, wo ich zu Hause gewesen bin", begann er, „lebte einmal ein junger Schweinehirt. Der stand bei einem Bauern im Dienst und trieb Tag für Tag seine Schweineherde auf die Weide. Er hatte weder Vater noch Mutter und war arm wie eine Kirchenmaus – sonst wäre er ja nicht Schweinehirt gewesen. Außer Hut und Ränzel, die beide von Wind und Wetter ausgebleicht waren, besaß er eine Flöte, die er stets im Hosenbund mit sich herumtrug. Es sollte, wie es hieß, eine ganz besondere Flöte sein, und der junge Schweinehirt war auf eine seltsame Weise zu ihr gekommen.

Als er nämlich seine Schweine an dem einen Morgen aus dem Stall holte, dachte er: Ich werde sie in den Eichenwald treiben. Die ganze Nacht ist der Wind gegangen, er wird die Eicheln nur so von den Ästen geschüttelt haben, und die Schweine werden reichlich Futter finden. – So machte er sich mit seiner grunzenden Herde auf den Weg, trieb die Säumigen mit dem Stecken vorwärts und nahm das kleinste Ferkel auf den Arm, das mit der Herde nicht Schritt halten konnte. Als sie den Eichenwald erreicht hatten, die Schweine im Laub nach den Eicheln suchten, setzte sich der Schweinehirt in den Schatten eines Baumes und sah zwischen den Ästen hindurch in den Himmel. Plötzlich war es ihm, als ob er in der Nähe jemand ächzen und stöhnen hörte.

Der junge Schweinehirt horchte, aber alles blieb still. Nach einer Weile jedoch ging es wieder los, und es kam ihm vor, als spräche einer mit sich selber. Der Schweinehirt stand auf und ging in die Richtung, aus der Ächzen und Stöhnen gekommen waren. Mit einemmal sah er vor sich einen riesigen Mann sitzen, der hatte graues Strähnenhaar, einen Bart bis zu den Knien hinunter und Brauen, die ihm über die Augen fielen. Der Alte war in einen Umhang gehüllt, tastete mit den Armen an sich herum und bemerkte den Schweinehirten nicht. Deshalb räusperte sich der Junge ein wenig. Nun fuhr der Alte herum. ‚Du kommst mir wie gerufen', sprach er. ‚Oho, du weißt gar nicht, wie recht du mir kommst.' Und als er so sprach und oho sagte, fuhr dem Schweinehirten ein Windzug ins Gesicht, daß er Mühe hatte, den Kopf oben zu behalten. – ‚Hoppla!' rief der Schweinehirt, ‚habe ich es bei dir vielleicht mit dem Windmann zu tun?' – ‚So ist es', antwortete der Alte. ‚Ich war die ganze Nacht auf den Beinen. Kaum aber bin ich hier am Berg ein wenig eingeschlafen, springt mir doch so ein lausiger Floh unter den Umhang, zwickt mich und zwackt mich und läßt sich nicht finden. Komm, hilf mir, er muß in meinem Nacken sitzen.'

Nun war es nicht einfach, durch das dichte Haar des Windmannes an seinen Nacken zu kommen. Aber der Schweinehirt nahm sich Zeit, teilte das Haar sorgsam, und nicht lange, da hatte er den Floh wirklich gefangen. Er legte ihn zwischen seine Daumennägel und knackte ihn. – Da blies der Windmann die Luft aus vollem Hals aus sich heraus, worauf sich die Bäume nur so bogen. ‚Du hast mir einen großen Gefallen getan', rief er erleichtert, ‚ich hätte ihn nie gefunden.' Er öffnete seinen Umhang, und der Schweinehirt sah, daß er einen Blasebalg bei sich trug und Flöten in allen Größen. ‚Hier', sprach der Windmann, ‚die kleinste Flöte soll deine sein. Es ist keine Windflöte, wie du vielleicht denkst, es ist eine ganz wunderbare Flöte. Wenn du hineinbläst und an etwas Bestimmtes denkst, so wird es sich dir im selben Augenblick erfüllen.'

‚Das nenne ich ein reichliches Geschenk für einen gefundenen Floh', antwortete der Schweinehirt, bedankte sich und ging zu seinen Schweinen zurück. Ein paar von ihnen hatten sich davongemacht und suhlten sich im Morast. Flink nahm er die Flöte, blies hinein und dachte: Sie sollen auf der Stelle zu mir kommen! – Und die Schweine kamen folgsam wie Hunde zu ihm gelaufen.

Nun freute sich der junge Schweinehirt über sein Glück und erfüllte sich jeden Tag einen Wunsch. Einmal war es ein Korb roter Äpfel, ein anderes Mal eine Kanne voll Wein, doch er blieb immer darauf bedacht, niemanden sehen zu lassen, wie er zu seinem Glück kam. – Darüber vergingen ein paar Wochen. Eines Tages, als er seine Schweine wieder zur Weide trieb, rasselte ihm ein vornehmer Wagen entgegen, der von vier Pferden gezogen wurde. – ‚Bei Licht besehen', sprach der junge Schweinehirt, ‚kann das nur eine Hochzeitskutsche sein.' Er wollte der Braut eine Freude machen, zog schnell seine Flöte aus dem Hosenbund, blies hinein und dachte dabei:

Tanzt, meine Schweine,
große und kleine,
dreht euch und springt,
meine Flöte, sie klingt.

Im nächsten Augenblick standen die Schweine auf ihren Hinterbeinen, fingen an sich zu wiegen und um sich selber zu drehen. Sie faßten sich an den Vorderfüßen, nickten sich zu und wirbelten über die Wiese. Mochte es nun bei den Großen noch so manierlich anzusehen sein, am drolligsten sah es bei den Ferkeln aus. Die wippten im Tanz mit den geringelten Schwänzchen und stolperten manchmal über die eigenen kleinen Füße.

Der Wagen hielt an, doch es war keine Hochzeitskutsche. Es war die Tochter des großen Kaufmanns aus der Stadt, die sich mit einer Spazierfahrt die Zeit vertreiben wollte. Jetzt steckte sie ihr verschleiertes Gesicht aus dem Wagen. ‚Guten Tag, junger Schweinehirt', rief sie. ‚Wie hast du es fertiggebracht, die Schweine das Tanzen zu lehren?' – ‚Ach, schönes Fräulein', gab er zurück, ‚ich bin den ganzen Tag mit ihnen allein, jahrein, jahraus.' – ,Sag, Schweinehirt, ist dir eins von den Schweinen feil?' fragte sie. Der Schweinehirt trat an den Wagen heran. ,Warum nicht?' sprach er. ,Eins mehr, eins weniger. Dafür, daß Ihr einmal den Schleier lüftet, sollt Ihr ein Schwein mit nach Hause nehmen.' – Sie lächelte, hob den Schleier hoch, und er sah, daß sie ein blaues und ein braunes Auge hatte. Er nickte ihr zu, blies noch ein Stück auf der Flöte und hob ihr dann ein hübsches Schwein in den Wagen.

Am anderen Tag, kaum hatte er seine Schweine an der Straße entlanggetrieben, um zur Weide zu kommen, sah er in der Ferne das vierspännige Fahrzeug abermals nahen. Der Schweinehirt lachte in sich hinein. Flink zog er wieder die Flöte aus dem Gürtel und ließ die Schweine tanzen. Da hielt der Wagen auch schon neben ihm. – ,Guten Tag, junger Schweinehirt', rief die Kaufmannstochter. ,Das Schwein, das du mir gegeben hast, will bei uns daheim nicht tanzen.' – ,Was Ihr nicht sagt!' antwortete der Schweinehirt. ,Habe ich Euch einen solchen Faulpelz aus der Herde gegriffen?' – ,Verkaufe mir heute ein besseres', rief das schöne Mädchen. – ,Um Geld ist mir keins der Schweine feil', antwortete er, ,aber wenn Ihr mich einmal Euren Hals sehen ließet?'

Das Mädchen zögerte. Dann winkte es ihn an den Wagen heran, hob den Schleier, und der Schweinehirt sah, daß sie unter dem Ohr ein Muttermal hatte, so groß wie eine Rosenknospe. Die beiden lächelten einander an, er hob ihr ein Schwein in den Wagen, und sie fuhr davon. – Er sah der Kutsche nach und lachte und war nicht erstaunt, als am anderen Tag der Wagen mit der Kaufmannstochter zum drittenmal auf der

Straße heranrollte. Als sie ihm ihren Kummer berichtet hatte, sprach er: ‚Wenn erst drei Schweine beisammen sind, werdet Ihr keinen Grund mehr zur Klage haben, das ist gewiß. Sie sind eben an Gesellschaft gewöhnt.‘

‚Das sehe ich ein‘, antwortete die Kaufmannstochter, ‚aber was verlangst du diesmal dafür?‘ – ‚Ich verlange es nicht‘, sprach er artig, ‚aber ein einziger Blick auf Eure Schultern wäre mir schon ein Schwein wert.‘ – Bevor sie diesmal den Schleier hob, mußte er sich zu ihr in den Wagen setzen, und er sah genau, daß ihr auf der einen Schulter silberne, auf der anderen goldene Haare wuchsen. Er stieg aus, blies auch diesmal noch ein Stück auf der Flöte, und sie wählte sich selbst jenes Schwein aus der Herde, das ihr beim Tanz am besten gefallen hatte. Dann fuhr sie davon, und der Schweinehirt dachte: Wie wird es denn nun weitergehen mit uns beiden?

Am Abend, als er die Schweine durch die Stalltür trieb, kam der Bauer dazu, zählte sie und fragte: ‚Wo bist du denn mit den dreien geblieben, die an der Herde fehlen?‘ – ‚Das erste hat der Wolf geholt‘, entgegnete der Schweinehirt, ‚das zweite der Bär, und am dritten Tag ist der Wolf noch einmal gekommen.‘ – ‚Dann müßten zweimal drei Schweine fehlen‘, antwortete der Bauer. ‚Die Magd hat nämlich gesehen, wie du sie in den Wagen der Kaufmannstochter gehoben und was du noch mit deiner Flöte getrieben hast. Deshalb ist für einen wie dich kein Platz mehr auf dem Hof.‘ – ‚So, so‘, sprach der Schweinehirt und hatte Lust, auch dem Bauern ein Stücklein mit seiner Flöte aufzuspielen. Doch er besann sich, sagte, es sei ihm recht, und ging davon. – Als er müde wurde, flötete er sich ein gutes Essen herbei, einen Krug Wein dazu und suchte sich ein Lager für die Nacht im Heu einer Feldscheune. Die Sonne stand schon am Himmel, als er sich am anderen Tag auf den Weg zur Stadt machte. Vor ihm trottete ein Ochsengespann dahin, auf dem ein Bauer mit seiner Frau saß. ‚Es soll wohl zum Markt gehen?' fragte der Schweinehirt, als er herangekommen war. – ‚Zum Markt auch', sprach die Frau, ‚aber in der Stadt werden viele Freier erwartet, weil der reiche Kaufmann seine Tochter verheiraten will.' Und der Bauer fügte hinzu: ‚Doch das feine Fräulein will nur denjenigen zum Mann nehmen, der sagen kann, was es Besonderes an sich hat.' – ‚Oho!' rief der Schweinehirt, lüftete seinen Hut und machte größere Schritte.

Kaum war er eine Weile gegangen, als er einen Wagen hinter sich hörte, den zwei braune Pferde zogen. Drei junge Männer saßen darin, und als der Schweinehirt sie miteinander reden hörte, wußte er, daß sie um die Tochter des Kaufmanns werben wollten. Er blieb stehen. ‚Wie wär's', rief er, ‚wenn ihr mich ein Stück mitnähmt?' – ‚Wohin soll's denn gehen?' fragten die drei. – ‚Ich will die Tochter des Kaufmanns freien', rief der Schweinehirt. Da lachten die drei, als ob sie närrisch wären. ‚Du hast noch viel zuviel Schweinemist an den Schuhen!' schrien sie, und der eine hieb mit der Peitsche nach ihm.

Flink zog der Schweinehirt seine Flöte hervor, blies hinein und dachte: Die Pferde sollen ihnen durchgehen, bis ihnen der Wagen umkippt! – Im nächsten Augenblick zogen die Pferde an und jagten dahin, als ob der Teufel sie selber kutschierte. Den dreien in dem Wagen wurde angst und bange. Es half ihnen nichts, daß sie sich gegenseitig festhielten und aus Leibeskräften schrien. Die Pferde kamen erst zum Stehen, als der Wagen umstürzte und zerbrochen liegenblieb.

‚Wünsche weiterhin gute Reise!' rief der Schweinehirt, als er vorüberkam, und hörte im gleichen Augenblick, daß sich ihm wieder ein Wagen näherte. Dieser wurde von zwei Schimmeln gezogen, und die jungen Männer, die darin saßen, wollten ebenfalls in der Stadt um die schöne Kaufmannstochter werben. Als der Schweinehirt sie bat, sie sollten ihn ein Stück mitnehmen, weil er das gleiche Ziel hätte, ging es ihm auch diesmal nicht anders. Wieder zog er seine Flöte hervor und sah dem Gespann nach, bis es in der Ferne umstürzte und liegenblieb. ‚Auf Schusters Rappen kommt einer doch am schnellsten dorthin, wo er hin will', sprach er zu sich.

Vor der Stadt hörte er hinter sich noch einmal einen Wagen kommen. Darin saß ein einziger junger Mann. Der hielt an, als er den Schweinehirt sah, und rief: ‚Wie ist es, kann ich dich ein Stück mitnehmen?' – ‚Wenn ich Euch nicht zuviel Schweinemist an den Schuhen habe', entgegnete der Schweinehirt, ‚und Ihr mich hinten aufsitzen laßt, soll es mir recht sein.' Also stieg er auf. Wie sie nun so dahinfuhren, seufzte der junge Mann: ‚Ich gäbe etwas darum, wenn ich wüßte, was es mit der Kaufmannstochter auf sich hat.' – ‚Und ich gäbe etwas darum', seufzte der Schweinehirt, ‚wenn mich jemand mit in das Haus hineinnähme, denn ich wüßte gar zu gern, wen die Kaufmannstochter heiraten wird.'

‚Wenn dir daran so viel gelegen ist, will ich schon dafür sorgen', sprach der junge Mann,

und in seiner Freude
antwortete der Schweinehirt: ‚Ein Dienst soll des anderen wert sein, und deshalb laßt mich für Euch sprechen, wenn der Kaufmann nach den besonderen Kennzeichen seiner Tochter fragt.‘ Und schon zog er seine Flöte hervor, blies darauf, das Pferd galoppierte davon, und ehe sie es sich versahen, waren sie in der Stadt.

Dort drängten sich schon die Freier vor dem Haus des Kaufmanns zusammen, und Wagen auf Wagen fuhr in den Hof. Als nun der Stallmeister fragte, was für einer dort hinten auf dem Wagen sei, antwortete der junge Mann: ‚Den laß nur ruhig sitzen. Der und mein Pferd, die können nicht ohne einander leben.‘

Und so, wie es dem Schweinehirt nun geglückt war, in den Hof zu kommen, so glückte es ihm auch, hinter dem jungen Mann her in die Stube zu schlüpfen und sich unter den Tisch zu setzen.

Nicht lange, und alle Bewerber waren versammelt. Der reiche Kaufmann begrüßte sie freundlich und bewirtete sie mit duftendem Braten und gutem Wein. Sodann sprach er: ‚Nun, ihr Herren, ist die Reihe an euch. Sagt mir, was meine Tochter Besonderes an sich hat.‘ – Jetzt wollte sich keiner seine Ratlosigkeit anmerken lassen. Auf gut Glück riefen sie alle durcheinander: ‚Sie hat eine Stupsnase!‘ – ‚Sie hat nur ein Ohrläppchen!‘ – ‚Sie hat eine Warze am Kinn!‘ – Und plötzlich rief es unter dem Tisch hervor: ‚Sie hat ein blaues und ein braunes Auge!‘ ‚Ja, das ist wahr‘, antwortete der reiche Kaufmann, ‚und wer es gerufen hat, ist schon ein Stück näher dran, der Mann meiner Tochter zu werden. Doch es ist noch nicht alles.‘ – Und als die Bewerber wieder eine Zeitlang durcheinandergeraten hatten, rief es abermals unter dem Tisch hervor: ‚Sie hat einen Leberfleck unter dem linken Ohr, so groß wie eine Rosenknospe!' – ‚Auch das ist wahr', rief der Kaufmann, ‚und es fehlt nur noch das dritte und letzte Besondere. Dann werden wir wissen, wen meine Tochter zum Mann nimmt.'

Ratlos, wie sie waren, rieten die Freier noch einmal, was ihnen in den Sinn kam. Einer wollte den anderen übertönen, und es hätte nicht viel gefehlt, und die Sache wäre in eine Prügelei ausgeartet. Als sie auf die Ermahnung des Kaufmanns wieder zur Ruhe gekommen waren, hörten sie es alle sagen: ‚Das schönste an Eurer Tochter ist, daß ihr auf der einen Schulter goldene und auf der anderen silberne Haare wachsen.'

Der Kaufmann stand auf. ‚So ist es', sprach er und wollte wissen, wer die drei Besonderheiten gekannt hatte. – ‚Ich bin es gewesen!' rief der junge Mann. ‚Ich habe Euch alles zugerufen.' – In diesem Augenblick kam die Tochter des Kaufmanns herein. Sie schlug ihren Schleier zurück und sprach: ‚Derjenige, der gerufen hat, hat die Wahrheit gesagt. Aber es ist keiner von euch gewesen, die an der Tafel meines Vaters sitzen. Es muß noch ein anderer unter euch sein.'

Betroffen blickten sich die Freier um, und einige bückten sich, um unter den Tisch zu gucken. Dort saß wahrhaftig einer, der leise auf seiner Flöte spielte. – ‚Der Schweinehirt!' riefen ein paar an der Tafel. ‚Deshalb hat es die ganze Zeit so gestunken!' – Das waren diejenigen, denen er mit seiner Flöte den Wagen umgeblasen hatte. Die Kaufmannstochter aber rief:

‚Hirt, junger Hirt, komm hervor, ich habe auf keinen anderen als auf dich gehofft!‘ Denn ob sie wollte oder nicht, sie mußte ihn liebhaben, weil er auf seiner wunderbaren Flöte blies.

Nun wollte das Erstaunen kein Ende nehmen, als die Kaufmannstochter den Schweinehirten bei der Hand faßte und ihm in die Augen sah. Der reiche Kaufmann ließ schnell ein Bad für ihn richten und Kleider für ihn bereitlegen, und als er wieder zu den anderen Freiern trat, war ein schöner junger Mann aus ihm geworden, wie sich der Kaufmann keinen besseren Bräutigam für seine Tochter hätte wünschen können.

Bald darauf wurde die Hochzeit gefeiert. Sie dauerte sieben Tage und sieben Nächte, und immer, wenn die Gäste müde wurden, blies der Schweinehirt auf seiner Flöte, dachte dabei: Sie sollen tanzen und fröhlich sein – und das Fest ging weiter. – Als nun die Hochzeit vorüber war, lebten die Kaufmannstochter und der Schweinehirt ein Jahr nach dem anderen zusammen und blieben einander zugetan. Deshalb nahm er eines Tages die Flöte und verwahrte sie in einem Schrank, der ein festes Schloß hatte. Er zog den Schlüssel ab und steckte ihn in seine Tasche, damit nur ja niemand die Flöte nähme, hineinblasen und Böses dabei denken konnte. Eines Tages aber war sie aus dem Schrank verschwunden, er mochte suchen, soviel er wollte, er fand sie nicht mehr. –

Und niemand weiß, wo sie damals hingekommen ist“, sagte der hagere Daniel. „Aber irgendwo wird sie schon geblieben sein. Vorhin im Haus ist es mir wirklich so vorgekommen, als ob jemand hineingeblasen und an nichts Gutes dabei gedacht hat.“

# Der Stutenkopf

Ob der Großvater viele oder wenige Freunde hatte, weiß ich nicht mehr. An einen aber erinnere ich mich, und dieser große, breite Mann war Pferdehändler. Fast jedesmal, wenn der Großvater in die Stadt fuhr, ging er zu ihm, und häufig spannte er nur deshalb an, um sich bei ihm ein paar schöne Pferde anzusehen. Und weil wir Kinder einen Blick für Pferde bekommen sollten, durfte mit, wer im Hause war.

Ich selbst sah jedesmal mit Grausen und Neugier dem Pferdekopf entgegen, der über dem Tor der Pferdehandlung hing. Ich konnte mir lange nicht vorstellen, daß er aus Stein sein sollte, so echt sah er aus mit den Stirnhaaren und der langen Mähne über dem Hals. Besonders aber erschreckten mich die Augen in dem Pferdegesicht, und ich sah sie noch vor mir, wenn wir längst auf dem Heimweg waren. Das nächste Mal, nahm ich mir vor, werde ich ganz bestimmt nicht mehr hinsehen. Und dann war ich doch wieder die erste auf dem Wagen, um mich von neuem zu grausen. – Eines Tages saß die alte Berthe neben mir, und ich denke heute noch, sie hat sofort gemerkt, wie es um mich stand, und deshalb hat sie mir das Märchen vom Stutenkopf erzählt.

Vor langer Zeit lebte einmal ein Mann schon viele Jahre allein mit seiner einzigen Tochter. Die Frau war ihm gestorben, als das Mädchen noch klein war, und es fiel ihm oft schwer, für die Tochter zu kochen und zu sorgen, das Haus rein und den Garten in Ordnung zu halten, denn die Arbeit auf dem Feld mußte außerdem getan werden. Oft dachte er: Wenn ich eine gute Frau fände, die auch das Mädchen lieb hat, so wäre es wohl das Beste für uns beide. Wie es nun so geht, wenn einer immer wieder etwas denkt und auch mal zu diesem und jenem ein Wort sagt, eines Tages fand er wirklich eine Frau. Der war vor Jahren der Mann gestorben, sie schien gut und fleißig zu sein, und es war ihm recht, daß sie ihre Tochter mit ins Haus brachte. Die Mädchen hatten die gleichen Namen: sie hießen Anna, und sowie die Frau im Haus ein wenig warm geworden war, sprach sie: „Damit wir die beiden nicht verwechseln, soll meine Tochter von heute an Anuschka gerufen werden.“ – Das mag gut sein, dachte der Mann, warum sollen immer beide Mädchen herbeikommen. Auch die Tochter fand nichts dabei. Meine Mutter hat ja gewollt, daß ich Anna heiße, dachte sie. Von nun an aber pfiff für sie ein anderer Wind im Haus. Anna, hier, Anna, da, hieß es, Anna, hol Wasser vom Brunnen, Anna, hol Holz aus dem Schuppen.

Anuschka dagegen hieß es nie.

Anuschka durfte am Webstuhl sitzen und sich schöne Muster ausdenken, Anuschka flocht sich Bänder und Schleifen ins Haar und ging herausgeputzt im Dorf umher. – Da nun der Mann alles geschehen ließ, weil er Frieden im Haus haben wollte und seine Tochter sich nicht beklagte, hätte alles gut sein können, wenn Anna nicht so viel schöner gewesen wäre als die Tochter der Stiefmutter. Anna brauchte keine Bänder und Schleifen. Sie zog den roten Rock ihrer Mutter an, nahm das geblümte Tuch um die Schultern, und es gab keinen im Dorf, der sich nicht nach ihr umgedreht hätte.

Das bemerkte nicht nur die Mutter, vor allem fiel es Anuschka auf. Sie wurde von einem Tag zum andern neidischer auf die Schwester, weinte und klagte der Mutter die Ohren voll, daß sie es nicht mehr aushalten könnte und am liebsten tot sein möchte. Als ihre Mutter das hörte, sann sie auf Abhilfe. „Gib deine Tochter aus dem Haus", sprach sie zu ihrem Mann. „Es ist immer Zank und Streit zwischen den Mädchen." – „Ich habe bisher noch keinen Zank gehört", entgegnete der Mann, „und wenn du nicht stets und ständig an meiner Tochter etwas auszusetzen hättest, könnten wir alle vier gut leben." – Aber die Frau redete jeden Tag auf den Mann ein, er müsse die Tochter fortbringen, und wenn er sich nicht dazu aufraffen könnte, so würde sie es selber tun. – Als sich nun gar noch herausstellte, daß ein angesehener Mann Anna zur Frau nehmen wollte, war die Stiefmutter mit ihrer Geduld am Ende. Sie spannte eigenhändig das Pferd vor den Wagen und rief: „Anna, steig ein, wir wollen in den Wald nach Holz fahren!"

Seltsam, dachte das Mädchen, sie ist noch nie selbst gefahren. Aber es stieg auf den Wagen und fuhr mit. Als sie schon eine Zeitlang unterwegs waren, kam Anna alles so fremd und unbekannt vor, und sie fragte: „Wohin fahren wir, Mutter?“ – „Frag nicht soviel“, antwortete die Mutter, „du wirst es schon sehen.“ – Wieder verging eine Zeit, in der die Mutter das Fuhrwerk kreuz und quer durch den Wald lenkte. Das Mädchen begann unruhig zu werden. „Was ist das nur für ein Wald, in dem wir Holz holen, Mutter?“ – „Frag nicht soviel, du wirst es schon sehen“, antwortete die Mutter wieder. Als das Mädchen gerade zum drittenmal fragen wollte, fuhr die Mutter auf eine kleine Hütte zu. „Da sind wir“, sprach sie. „Geh hinein, zünde ein Feuer an und setze einen Kessel voll Wasser auf den Herd. Unterdessen werde ich das Pferd abschirren.“

Das Mädchen ging also hinein, fand in der Hütte wahrhaftig noch ein wenig Holz neben dem Herd und auch einen Topf dazu. Während sie sich um das Feuer bemühte, dachte sie: Warum mag die Mutter hierhergefahren sein, als ob wir keinen Wald in der Nähe des Dorfes hätten? Dabei nahm sie den Topf und ging aus der Hütte, um nachzusehen, wo der Brunnen stand. Im nächsten Augenblick fuhr ihr vor Schreck ein Schrei aus dem Hals. Pferd und Wagen und die Mutter waren fort. Sie rief nach ihr und lief um das Haus herum, aber es war niemand zu finden. Die Angst kam über sie und drückte ihr die Kehle zu. Zu allem Unglück dauerte es nicht mehr lange, bis es dunkel wurde und weder Weg noch Steg zu erkennen waren. Es wird mir nichts anderes übrigbleiben, als zu warten, bis der neue Morgen kommt, dachte sie, in der Hütte bin ich wenigstens vor Wölfen und Bären sicher. Also ging sie wieder hinein, und weil das Holz im Herd noch eine Weile brennen sollte, legte sie immer nur ein Scheit ins Feuer. Trotzdem wurde es weniger und weniger, und als sie gerade das letzte Stück in die Glut geschoben hatte, hörte sie ein Geräusch an der Tür.

Das kann nur der Vater sein! war ihr erster Gedanke. Sie lief zur Tür und rief: „Vater, lieber Vater, bist du es?" – „Nein", antwortete es von draußen, „ich bin dein Vater nicht, aber mach mir ruhig auf, liebes Mädchen." – Obwohl es eine ganz fremde Stimme war, hörte sie sich gut und freundlich an. Deshalb faßte sich das Mädchen ein Herz und öffnete die Tür. Im nächsten Augenblick fuhr ihr ein solcher Schreck in die Glieder, daß ihre Zähne aufeinanderschlugen. Vor ihr am Türpfosten lehnte ein Stutenkopf, braunhaarig und ebenmäßig, aber nur ein Kopf. Kein Hals, kein Leib, keine Beine, nichts sonst als ein Kopf war zu sehen.

Dem Mädchen begann es zu grausen. – „Fürchte dich nicht vor mir", sprach der Stutenkopf, „ich werde dir gewiß kein Leid antun. Wenn ich mich nur auf der Bank beim Feuer ein wenig wärmen darf." Während er redete, sah er das Mädchen mit seinen feuchten Augen an. Da verlor es alle Furcht, nahm ihn in die Hände, trug ihn zur Bank und strich ihm die Stirnhaare zur Seite.

Als sie eine Weile nebeneinander gesessen hatten, bekam der Stutenkopf Durst, und das Mädchen gab ihm zu trinken. Und abermals nach einer Weile fing der Stutenkopf wieder zu sprechen an: „In der Ecke dort drüben steht ein Bett. Wie wäre es, wenn du

es uns herrichten würdest,
damit wir uns ausruhen in der Nacht.“ – „Du hast recht“, antwortete das Mädchen, machte das Bett zurecht und legte den Stutenkopf hinein. Und als es ihn zudecken wollte, sprach er: „Nein, nein, das Bett reicht für zwei. Komm nur neben mich, damit wir einander wärmen können.“ – Da legte sich das Mädchen neben den Stutenkopf, und als es das weiche Fell an seinem Gesicht spürte, wurde es zutraulich und erzählte dem Stutenkopf alles, was ihm geschehen war. – „Gräm dich nur nicht“, sprach der Stutenkopf, „du bist nicht allein, und morgen, wenn es hell ist, werden wir weitersehen.“

Am anderen Morgen lag der Stutenkopf schon mit offenen Augen da, als das Mädchen erwachte. „So, liebes Mädchen“, sagte er, „nun schlüpf in mein rechtes Ohr hinein und kriech mir zum linken wieder hinaus.“ – Das Mädchen wußte nicht, ob sich der Stutenkopf einen Scherz mit ihm machen wollte, doch er nickte so freundlich, und da brachte es das Mädchen wirklich fertig, sich so klein zu machen, daß es in das Ohr des Stutenkopfes hineinkriechen konnte. Und als es drin war und glaubte, in der Enge ersticken zu müssen, sah es auf einmal ein kleines, rundes Loch vor sich. Darauf zwängte sich das Mädchen zu und kam wahrhaftig zum linken Stutenkopfohr wieder heraus.

In dem Augenblick aber, als es das Ohr verlassen hatte, war der Stutenkopf verschwunden. Die Tür der Hütte sprang auf, und draußen stand ein großer Wagen mit vier braunen Pferden davor. Er war mit kostbarem Geschirr und Kleidern beladen, mit Essen und Trinken und mit Truhen voller Leinen.

Ein freundlicher Diener hielt dem Mädchen die Tür auf, es stieg ein, und im Galopp ging es in das Dorf, bis vor das Haus ihres Vaters zurück.

Der Vater weinte vor Glück, als er seine Tochter wiedersah. Er warf sich ihr zu Füßen und flehte, sie möge ihm verzeihen, weil er sie nicht besser beschützt hatte. Sie zog ihn zu sich empor, zeigte ihm alles, was ihr zuteil geworden war, und ging mit ihm ins Haus.

Die Leute im Dorf konnten sich nicht genug wundern über das Glück des Mädchens. Am unerträglichsten aber war es für Anuschka und ihre Mutter. Als die Tochter zu weinen und zu schreien anfing, nahm die Mutter sie in die Arme und sagte: „Nur ruhig, mein Täubchen, nur ruhig. Ich werde anspannen und dich genau dorthin fahren, wohin ich gestern deine Schwester gefahren habe. Dann wird dir nicht nur das gleiche Glück zuteil werden, du wirst zehnmal schöner zurückkommen, als sie jetzt ist."

Und wieder spannte die Frau das Pferd vor den Wagen, hieß die Tochter aufsteigen, die Tränen trocknen, und schon fuhr sie mit ihr in den Wald hinein. Als sie eine Zeitlang unterwegs waren, fragte die Tochter mürrisch: „Sind wir nicht endlich da?" – „Bald, mein Täubchen", antwortete die Mutter, „bald kommst du zu deinem Glück." – Nach einer Weile rief die Tochter: „Lange halte ich es nicht mehr aus auf der harten Bank! Ich bin schon ganz steif vom Sitzen." – „Anuschka, mein Täubchen, du mußt an die gepolsterte Wagenbank denken, auf der du morgen heimkehren wirst." – „Ach was", sagte die Tochter, „ich habe es satt."

Nicht lange darauf sahen sie die Hütte vor sich. „Da sind wir schon", rief die Mutter, „und nun, Anuschka, mein Täubchen, geh hinein. Mach ein Feuer an und stell einen Topf voll Wasser auf den Herd, ich werde inzwischen das Pferd abspannen." – „Feuer anmachen, Wasser aufstellen, das fehlt mir grade noch!" jammerte die Tochter. – „Anuschka, mein Täubchen, denk an das morgige Glück", tröstete die Mutter. – Kaum war die Tochter im Haus, stieg die Mutter auf den Wagen und schlug mit der Peitsche auf das Pferd ein, um der eigenen Tochter nur ja zu ihrem Glück zu verhelfen.

Als das Mädchen nun mit vieler Mühe das Feuer zum Brennen gebracht hatte und sich nach dem Topf umsah, mit dem sie Wasser im Brunnen schöpfen konnte, rief sie: „Mutter, Mutter, wo mag der Brunnen sein?" Und als sie keine Antwort erhielt, lief sie hinaus. Im nächsten Augenblick fing sie zu schreien an. „Wo bist du, Mutter? Warum läßt du mich allein? Ich fürchte mich, es wird dunkel, und ich kann weder Weg noch Steg sehen. Ich will nicht allein in der Hütte bleiben."

Aber soviel sie auch rief, die Mutter war fort, und sie mußte sich in der Hütte einrichten. Also legte auch sie ein Scheit nach dem andern aufs Feuer, und als sie darangehen wollte, das Bett herzurichten, hörte sie ein Geräusch an der Tür. „Mutter", rief sie, „bist du gekommen, um bei mir zu bleiben?" – „Nein, liebes Mädchen, ich bin deine Mutter nicht. Aber bitte, mach mir die Tür auf." – „Ich soll die Tür aufmachen?" gab das Mädchen zurück. „Da muß ich erst wissen, mit wem ich es zu tun habe, mit einem Herrn oder mit einem Knecht?" – „Mit einem Stutenkopf", hörte das Mädchen sagen. Die Tür öffnete sich von selber, und der Stutenkopf kam herein. Da schrie das Mädchen: „Was bist denn du für ein ekliges Ding! Ein Pferdekopf, dem Hals und Rücken und Beine fehlen! Was willst du hier?"

„Laß mich ein wenig neben dem Herd auf der Bank sitzen und richte derweil das Bett, damit ich schlafen kann", antwortete der Stutenkopf. „Zuvor aber gib mir noch ein wenig Wasser, ich habe Durst." – „Wer bist du eigentlich", rief das Mädchen, „daß du dir das Recht nimmst, mich hierhin und dahin zu schicken? Aber gut, ich werde das Bett richten, und für den Durst stelle ich dir einen Topf Wasser auf die Bank. Sieh zu, wie du es trinkst."

Als der Stutenkopf seinen Durst gestillt hatte und im Bett lag, sprach er: „Mädchen, willst du dich nicht neben mich legen? Du wirst doch müde sein."

„Auch das noch!"

antwortete das Mädchen und setzte sich nur auf den Rand des Bettes, weil ihr so sehr vor dem braunen Stutenkopf grauste. – Am anderen Morgen, als sie sich umdrehte, lag er schon mit geöffneten Augen da. – „Und was jetzt noch?" fragte das Mädchen. – „Deine Schwester", antwortete der Stutenkopf, „ist mir zu dem einen Ohr hinein und zum andern Ohr wieder hinausgeschlüpft."

Das wird gewiß der wichtigste Zauber sein, dachte das Mädchen und drängte sich sogleich an ihn heran. Sie wendete sich und drehte sich und kroch ihm wahrhaftig ins Ohr hinein. Der Stutenkopf aber hatte ihr nicht gesagt, in welches Ohr sie zuerst schlüpfen sollte, und weil sie auf der linken Seite neben ihm gesessen hatte, kroch sie ihm in das linke Ohr hinein. – Als sie zum rechten Ohr wieder herauskam, war der Stutenkopf auch diesmal verschwunden. Die Tür der Hütte sprang auf, und davor hielt das ärmlichste Fuhrwerk, das sich denken läßt. Nichts als morsche Bretter waren es, Räder, an denen die Speichen fehlten, und ein Pferd stand davor, so mager und zottig, daß es jeden Augenblick umfallen konnte. Daneben aber buckelte ein alter Mann, der sprach: „Steig auf, Mädchen, du wirst doch zu deiner Mutter zurück wollen." – Da blieb dem Mädchen nichts anderes übrig, als sich auf den Wagen zu setzen. Das Pferd zog an und trottete mit ihr davon. Sie weinte den ganzen Weg über und raufte sich die langen Haare. Am schlimmsten wurde es jedoch, als sie ins Dorf gefahren kam. Die Leute standen schon vor den Häusern und warteten, denn ihre Mutter hatte allen erzählt, daß an diesem Tag ihre eigene Tochter noch reicher beschenkt heimkehren würde.

Nun wollte das Staunen kein Ende nehmen, als das Fuhrwerk heranrumpelte. Die Mutter sah gar nicht hin, denn dieser Wagen konnte unmöglich jener sein, auf den alle warteten, und das häßliche Mädchen auf der Wagenbank war nie und nimmer ihre Tochter. Doch plötzlich rief es: „Mutter, kennst du mich nicht? Ich bin dein Täubchen, deine Anuschka.“

Nun raufte sich auch ihre Mutter die Haare, zerriß ihre Kleider, weinte und schrie, doch sie änderte nichts damit. Weil sie aber die Schande vor den Leuten nicht ertragen konnte und weil sie nicht tagein, tagaus die schöne Anna neben ihrer häßlichen Tochter sehen wollte, setzte sie sich auf den ärmlichen Wagen und fuhr mit ihr davon, und niemand hat sie mehr wiedergesehen. –

„Aber sie hat auch keinem gefehlt“, sagte die alte Berthe. „Und wenn du das nächstemal mit dem Großvater wieder Pferde ansehen fährst, dann sag ihm, er soll unter dem Tor anhalten.“ – Und so machten wir es auch, als wir wieder in die Stadt fuhren. Doch der Großvater hielt nicht nur an unterm Tor, er stand auf im Wagen, hob mich hoch, und ich streichelte den steinernen Pferdekopf.

„Weil's
doch jetzt Zeit
ist,
Märchen
zu erzählen."

Theodor
Storm

In derselben
Ausstattung
erschien
Barbara Bartos-Höppner
erzählt
Tiermärchen
und
Wintermärchen
In Vorbereitung sind
Feenmärchen

K. Thienemanns Verlag
Stuttgart

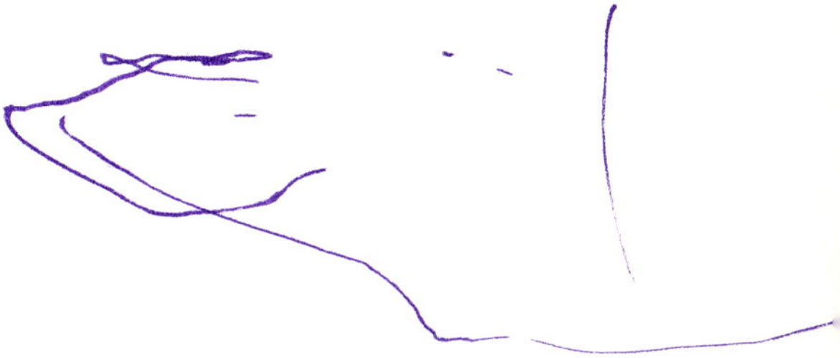